我们去往何方

身体、身份和个人价值

[日] 上野千鹤子 著

匡轶歌 译

中国友谊出版公司

图书在版编目（CIP）数据

我们去往何方：身体、身份和个人价值/（日）上野千鹤子著；匡轶歌译. -- 北京：中国友谊出版公司，2024. 10. -- ISBN 978-7-5057-5920-6

Ⅰ. D440

中国国家版本馆 CIP 数据核字第 2024BP8868 号

著作权合同登记号　图字：01-2024-3096

书名	我们去往何方：身体、身份和个人价值
作者	［日］上野千鹤子
译者	匡轶歌
出版	中国友谊出版公司
发行	中国友谊出版公司
经销	新华书店
印刷	河北鹏润印刷有限公司
规格	787 毫米 × 1092 毫米　32 开
	7.125 印张　84 千字
版次	2024 年 10 月第 1 版
印次	2024 年 10 月第 1 次印刷
书号	ISBN 978-7-5057-5920-6
定价	59.80 元
地址	北京市朝阳区西坝河南里 17 号楼
邮编	100028
电话	（010）64678009

· CONTENTS ·

目录

· CONTENTS ·

从"区别"升级为"差别"

　　女性学领域的大前辈驹尺喜美[1]女士曾有句名言："在我有生之年，眼见两性观念已然从'区别'升级为'差别'。"

　　"区别"，是两性之间正常存在的、自然属性上的不同；"差别"，则是针对某一性别的不正当、不

---

[1]　驹尺喜美（1925—2007）：日本近代文学研究者、女性学家、原政法大学教授。从女性主义视角批判性地重新解读《源氏物语》及夏目漱石、芥川龙之介的名作，并在文艺批评中导入女性主义理论，给女性学研究带来了巨大影响。著有《魔女的伦理：对爱欲的渴望》等多部女性主义著作。——本书注释除特殊说明外均为译者注

合理的区别对待。昔日，针对女性的区别对待，一直被视为天经地义。例如，在明治时代，每当有人呼吁"男女平权"，必会惹来一堆争议，"赋予妇女参政权，就像把珍珠丢给母猪""一家之内若有二主，两人同时说了算，夫妇间便将各行其是，埋下家庭失和的祸端"，等等。

男与女，是两种截然不同的生物，理应享有不一样的待遇，主张男女平权，纯属歪门邪道——驹尺喜美告诉我们：此类观念在大众的头脑中早已根深蒂固，随着年深日久愈演愈烈，终于恶化为不可理喻的女性歧视。此话何其犀利。而出生在大正年间的驹尺女士，之所以说出"在我有生之年……"这样的话，其中也包含一层"谁料到此等荒谬之事，我居然也能活活见证"的讽刺意味。

如今，女权运动在全球各地再度重启，掀起了新一轮的狂澜。日本国内二十、三十多岁的年轻女性，也针对形形色色的性别问题展开了抗议行动，指出："这是女性歧视！"

可惜，当我试着询问日本女性主义发展的过往历程时，这些姑娘却所知寥寥。我问："这些女权思想，你是从哪里了解到的呢？"回答往往不是"艾玛·沃特森[1]"，就是"韩国的女权运动"，令我大受打击。要知道女性主义思潮早在半个世纪前，就已在日本兴起了！

我希望，这些"一问三不知"的年轻后继者也能对女性主义的历史做些深入的了解；并且，最好把知识点以一种"盘点打包"的形式呈上，方便她们阅读和理解。基于这样的初衷，我动笔创作了本书。

---

1 艾玛·沃特森（Emma Watson，1990— ）：英国著名女星，《哈利·波特》系列电影中赫敏的扮演者，2014 年当选"联合国妇女署亲善大使"，在联合国妇女署发起的运动"He For She"发布会上发表了倡导男女平权的演讲。

如今，女性主义的版图已遍及世界。同时，每个国家的女性主义发展，也都走出了一条拥有自身特色的探索之路。了解这段历史，对当今从事女性主义实践，以及被全球的女性主义浪潮所激励、鼓舞的人来说，必定会成为一种助力。

　　在此慌忙补缀一笔：若有哪位读者，虽不属于我的年轻后辈，却仍乐意捧起这本书的，我同样不胜欢迎。了解历史，对任何人来说都能够有所助益。借此，他会明白：那些我们视为"传统"或"天经地义"的东西，一律能在历史之中找到起点和源头，而事物一旦有开端，就必定有终结。

　　"将女性的生命体验言语化、理论化"，一直是女性学致力探索的课题。用学术化的表达来概括，便是"通过掌握语言资源，去定义自身的经历与体验"。比如，"哦哦，原来一直困扰我的心结，是这么一回事啊！""没想到我过去的所作所为，居然属于性别歧视啊！"诸如此类，通过掌握相关的术语和理论框架，从而对自身的过往体验做出事后的再定义。我衷心期望，经由对女性主义历史渊源的回顾，将以往女性斗争的成果分享与诸位。

フェミニズムがひらいた道

第 1 章

妇女解放运动
的啼声

フェミニズムの道

从"便所"开始解放

　　首先，从五十年前的大事件谈起吧。自 20 世纪 60 年代后期至 70 年代，一项名为"Women's Liberation Movement（WLM）"的妇女解放运动，同时在世界多国、多地蔚然兴起，日语中简称"国际妇运"。而"women's liberation"，即为"女性解放"之意。

　　日本的妇女解放运动，诞生于 1970 年 10 月 21 日。在日本，自从 1966 年人们打出"反对越战"的标语之后，每一年都会如期举办反战主题的游行与集会。1970 年 10 月 21 日当天，名为"战斗女性同盟"[1]的团体,在东京银座一带组织发起了一场仅招募女性成员参加的示威活动。于是,"从便所开始解放"几字被印在传单上四处派发,堪称日本妇女运动的"问世宣言"。

这份传单并无署名。众人只晓得上面的文字出自女权领袖田中美津[2]之手。在复印机等设备尚未普及的当时,传单的制作要么纯靠手写,要么使用手工雕版进行油印,单次印量仅有一百至一百五十张,最多也不过三百张。

多年后,松香堂书店专门搜集此类活动传单,编纂发行了一套三卷本文献《史料汇读:日本妇女解放运动史》(1992—1995)。当时,在活动现场拿到传单的女权活动家之中,想必也曾有人意识到,"如此富于历史意义的文字,将来必定具备研究的

---

1 日文为"ぐるーぷ·戦う女"。
2 田中美津:参照书末附录"女性主义群英谱"。

价值"，于是才将它们留在身边保存了下来吧。而编者为该套文献撰写的序言，读来也感人至深。

　　堆满了纸箱的传单，是女人向女人发出的召唤。经历了若干次搬家后，最终，它们长年盘踞在抽屉的一隅。尽管页面已泛黄，形如一沓沓废纸，我却依然不舍丢弃，只因它们正是我自身的写照与代言。运动中每位女权先驱的呐喊，便是我自身的呐喊。

　　——三木草子《史料汇读：日本妇女解放运动史》

　　以上便是"从便所开始解放"这句话，被收录至该书的原委。但诸位是否清楚，所谓"便所"，究竟指代什么呢？便所，即女人的性器官。换言之，它作为"男人性欲的处理器"，同时也是对女性的一种代称。

有句话叫作"或为母亲，或为便所"。这个说法，是我们性别研究者常用的专业术语，它表示"性的双重标准"，指男人以一套利己的性道德将女性割裂为两个集团，即"用于生殖的女人＝妻子·母亲"和"提供性快乐的女人＝娼妇"，通过采用不同的道德准则，对两个群体分而治之。"或为母亲，或为便所"是一种象征性的表达，形容在这种性别构造之下被割裂与隔离的女性。而田中美津女士借由那枚传单，宣示了一种态度：自己既非传统定义中的"母亲"，亦非男人眼里的"便所"，而是兼具"生育"及"性欲"两种属性的、完整的生命个体。同时她也指出，对于这样"完整、多面、立体的女性"，男人却从未肯稍稍正视一眼。

　　话说回来，田中美津为何会在当年的示威活动中发此惊人之语呢？原因在于，反战运动中的男性同侪，总把女性成员当作解决性需求的"便所"来看待。田中美津的控诉，在当时可谓振聋发聩。

与她所揭露的内容同等重要的一点是，当时还举行了仅仅接纳女性参加的抗议活动。在此之前，战后的各种社会运动曾发起过无数次游行集会。而20世纪60年代，日本的学生运动也轰轰烈烈应运而生，男女学生皆投身其中，在示威活动中高举过"反对安保条约！""反对学费上涨！""实行大学改革！"的标语牌。这本是一场男女学子共同参与的抗争。

然而，到了运动末期，却出现了由女生自主发起、独立参与的集会。以往的社会运动中，主导权一向由男性所掌控，他们对这股女生"单干"的劲头格外抵触，原因不仅在于男性自身沦为了批判的对象，同时他们也责怪女生的自主行为扰乱了运动的统一部署，遂给她们扣上了"派系主义"的帽子。

日本学潮曾受到左翼思想的巨大影响。而阶级解放作为共产主义奋斗的终极命题，与女性解放也息息相关。然而，理论上虽说如此，实际上学生运动却对女性觉醒极度排斥。这一事实，经由女性独立筹划、限定女性参加的示威活动，充分暴露了出来。有鉴于此，多年后我们才将1970年10月21日这天，定为日本妇女解放运动的诞生日。

妇女运动与学生运动

　　大约同一时期，欧洲也掀起了名为"妇女解放运动"的浪潮，英文称为"Women's Liberation"或"Women's Emancipation"。而促使其萌发的社会背景，则是20世纪60年代于世界多国同时频发的学潮（Student Power）。

　　在日本或欧洲，"学潮"一词主要指反抗政府体制的左翼学生运动。日本国内，1960年爆发的"安保斗争"，即反对改订《日美安全保障条约》的革命，是战后声势最为浩大的群众运动。在这场群众革命中趁势崛起的，则是当时已成立的左翼政党——日本共产党。但与此同时，也存在一批青年学生，对日本共产党的领导失望透顶。他们集结成一股势力，号称"新左翼"。

新左翼以大学生为主力军，提出了"现有政党的斗争方式太过温和，诉诸暴力手段也可达成革命目标"的行动方针。头盔加木棍（武斗棒）是他们的统一武装。这套器具，原本只是游行示威中为了抵御警察机动队的暴力镇压而采用的防身手段，后来却逐步升级为武斗的装备。当年日本的社会运动就是这样充满暴力，说来恐怕如今的年轻人都难以置信。

在欧洲，民众失望于上层统治，从中诞生了大批新派的左翼分子。新左翼一方面不愿放弃追求社会平等的理想，另一方面却不满于教条化的政策。而这种思想，成了孕育欧洲学生运动的土壤。

街垒后方的女性歧视

在 1960 年的安保斗争之后，日本学生运动的目标转为反对越战。一架架战斗机从日本境内的美军基地倾巢而出，在越南上空连连轰炸，学生们为此发起抗议，谴责日本政府对战争推波助澜的态度。此时距日本在"二战"中告败，方才过去二十余年，战争的惨痛记忆仍历历在目。战后出生的青年一代对父辈问责：为何当年你们不曾挺身制止战争的发生？围绕高校运营方滥用强权的问题，学生们也用街垒与路障封锁了校舍，以此诉求大学当局实行改革。

那么，街垒后方又在发生什么呢？那里存在的只是泾渭分明、毫不掩饰的"男女性别分工"。当时我正在京都大学读书，也参与了这一系列运动。我们这群女生每天所负责的只是在战壕里给大伙儿捏饭团。此外还有另一项任务，便是筹划并提供救援服务。说白了，就是去给和警察发生冲突而遭逮捕的战友送慰问品。就这样，女生在运动中分配到的不过是所谓"枪后之妻""从军看护妇"之类的角色。

除此以外，战壕后方还流行"性解放"（Sexual Liberation）。当时性革命（Sexual Revolution）正席卷全球，是嬉皮士、恋爱自由、性自由大行其道的年代。日本的男女学生也跃跃欲试，纷纷挑战传统的性规范，践行起性爱自由的理念。

然而在这股潮流中，主动追求性自由的女生，背地里是被男生怎样称呼的呢？有个叫法是"公共厕所"。男生一边利用她们解决性欲，一边又对她们极尽侮蔑。随后，"从军慰安妇"的问题也浮出水面，暴露在大众视野。女生们这才得知，原来"公共厕所"正是"二战"中日本士兵对慰安妇的隐晦叫法，这使得她们顿时心口如遭雷击。

在当时的年代，"女人婚前理应守身如玉"的性规范仍深深扎根于社会大众的意识之中，甚至专门用"初夜"一词来形容新婚夫妇在洞房当晚才首度同床共枕。性解放乍看之下是一种男女平等的理念，从实际效果来看，却给男女两性分别造成了"不对称"的影响。换言之，对男性来说，它是一枚勋章，对女性却是一抹污点，即不名誉的烙印。如今这一点仍未改变，但在当时，这种反差则尤为强烈。

如此一来，许多女生开始对男战友深感心寒。而随之诞生的，便是日本的妇女解放运动。其实，纵使放眼全球，各国有关女性权益的运动中最初的旗手与骨干，也大多是在新左翼运动中对男"战友"大失所望的女性活动家。女性们幡然醒悟，"在这场男人引领奔赴的革命里，女人遭遇的却只有背叛。我们自身的解放，只能靠自身去争取！"

此外，许多走投无路的年轻女孩、离家出走的妇女、单亲妈妈与家庭主妇，也汇入了抗争的队伍。这便是同时席卷世界各国的妇女解放运动的简略由来。

妇女解放运动并非"外国进口"

　　另外，美国的妇女运动情况却截然不同。给美国 20 世纪 60 年代造成深刻影响的并非新左翼，而是民权运动。所谓民权运动，即为黑人争取平等权利的运动。在美国，黑人名义上拥有公民身份，但现实各个层面对黑人公民权的限制与种族隔离手段无处不在。不仅公交巴士会将白人、黑人的登车口与座席划分开，餐馆里也为白人设置独立的专属用餐区域。正因种族歧视如此严重，在美国，相较于性别歧视，有色人种的维权斗争才会成为运动的主题，被置于大众视野的前景处。

　　正当民众斗争愈演愈烈之时，肯尼迪总统出面推行了一系列禁止种族歧视的民权法案。美国女性趁此时机，发起了属于她们自己的抗争运动，理由是：如果种族歧视不公平、不正义，那么性别歧视也同样需要推翻。

所以，美国妇女解放运动的缘起，放在世界范围内来看，属于一个特例。尽管如此，历史学领域里某些男性老学究却仍旧写道"妇女运动是由美国输出并登陆日本的"，每每读得我一头怒火。这句论述在两重意义上都是错误的。

首先，正如前文所介绍的，美国妇女运动的起源是民权运动，而日本当年压根儿不存在民权斗争这回事。其次，妇女运动是从西方"登陆"的说法则是错上加错。日本的妇女运动绝非"外国进口"。1970 年 10 月 21 日当天派发的那枚传单，可不是从哪位洋大人手中"舶来"的，而是田中美津本人心声的流露。日本的妇女运动凭着自身创造的话语，发出了呱呱坠地的啼声。在我看来，这也是它并非"舶来品"的一项证明。

之所以将妇女运动指为"外国货"，其实是"对日本人来说捣乱作怪的祸害皆是由外族侵入的外邪"这种无意识偏见在作祟。此外，其中还隐含着一层对女性的轻蔑态度。换言之，这是一种高高在上的俯视，仿佛在说："尽管不合本国的规矩与体统，奈何这帮崇洋媚外的轻浮女子却莫名大呼小叫，整日鼓噪不休。"事实上，围绕妇女运动展开的报道中，各种老朽媒体常常有此论调。

对于同样是在 20 世纪 60 年代全球各国同步爆发的学生运动，并没有谁称其为"舶来品"，而对随后崛起的妇女解放运动，却以"外国货"相称，这反映出一种观念，即视女人为"比男人低劣的物种"。

四次女性主义浪潮

另一方面，伴随全球多国同步爆发的妇女解放运动，也萌发了一股新思潮，今日回溯女权发展史时，人们称其为"第二次女性主义浪潮"。"第二次女性主义"，是后来的研究人士对 20 世纪 60 年代后期至 70 年代的女性主义风潮赋予的称谓。

如果将这股潮流定义为"女性主义"，那么之前的年代呢？从未有过女性解放的思想吗？大家不免心生疑问。其实向更早前追溯，确实存在过类似的动向。19 世纪末至 20 世纪初，世界上首次爆发了以"妇女参政权"为核心诉求的女权运动，后来被定义为"第一次女性主义浪潮"。当时的女性已经自发地开始使用"女性主义"（Feminism，亦称女权主义）这个词了。

但话说回来，所谓"女性主义"究竟是指什么？一场运动被定义为"女性主义浪潮"，需要具备两个条件。第一，是女性自主自发的运动。换句话说，不是男女共同参与，也不由男性所主导。第二，诉求是女性从传统性别角色的解放、从"女人味""女性气质"的解放。前文提到的日本妇女解放运动恰好符合以上两项条件。

如今，回顾女性主义运动的整个历史，在第一次、第二次浪潮之后，又相继出现了第三次、第四次。此外还有一些尚未被定义的动态，在这里，姑且按照"一共有四次"来计数好了。至于每一次浪潮的爆发处在什么年代、有怎样的社会背景、主要诉求是什么，在接下来的章节里，我将依次为大家进行梳理。

第一次女性主义浪潮

女性主义的起源

  19 世纪末至 20 世纪初，女性解放的思潮席卷了全球，这便是第一次女性主义浪潮。从历史的角度来审视，第一次女性主义浪潮虽被定义为"争取妇女参政权的运动"，实际上却不单单如此，它在抗争诉求上具备丰富性与多样性。

  法国大革命以后，近代公民国家的原型得以建立，女性也随之被赋予了公民身份。但无论在任何国家，唯有男性才享有选举权，而女性获得该项权利，却在经历了漫长岁月之后。肇始于近代的民主主义最初也曾将女性拒之门外。在这种时代背景下，运动轰然爆发。

例如在英国，自 19 世纪末起，就出现过各种争取妇女选举权的激进活动。当时的成员被称作"妇女参政论者"，还有与此同名的电影《妇女参政论者》(*Suffragette*，2015）上映。其后，经历过第一次世界大战（1914—1918），在欧洲范围内，女性对历次战役的贡献获得了大众的承认，借此时机，女性要求参政权的呼声也高涨起来。

　　而日本这边，1911 年《青鞜》[1] 杂志的创刊，被认为是第二次女性主义滥觞的象征。《青鞜》是一本社团刊物，以女性主义思想家平冢雷鸟[2] 为核心，旗下会聚了一众女性文学家。"青鞜社"作为日本

1　青鞜：日语中意为"蓝袜"，由英文 Bluestocking 直译而来。18 世纪中叶，英格兰诞生了一个文化沙龙，名叫"蓝袜社"，由几位接受过良好教育的女性创办。她们邀请社会名流，聚在一起探讨文学艺术，以娱心智。由于沙龙不拘装扮，允许穿着日常的毛绒蓝袜，因而得名"蓝袜社"。后来，"Bluestocking"一词遂有了"女才子""女学者"的意思。

2　平冢雷鸟：参照书末附录"女性主义群英谱"。

首个完全脱离男性的领导，由一群新女性自主运作、独立掌控的团体而清新登场，日常围绕"何谓女性气质"的命题展开探讨，组织并发起各类文化活动。有意思的是，《青鞜》原本属于一本文艺杂志，但在办刊过程中却日益变得政治化起来。而最初创刊之时，《青鞜》压根儿没有政治方面的抱负。

平冢雷鸟本是出身于富裕家庭的千金，个性内敛自省，一面来往于道场，学佛修禅，一面倾心于文艺创作。其恩师、作家生田长江劝导她创办一本女性杂志，起初她有些提不起兴致，但还是说服父母，拿出预备给自己置办嫁妆的钱创办了《青鞜》，并撰写了创刊词《原初，女性是太阳》。这篇文章可谓名垂青史。

不料当时，杂志甫一问世便遭到了男性媒体的猛烈抨击，就像妇女解放运动最初登场时那样，不得不承受纷至沓来的揶揄、中伤与非难。这样的打压令平冢雷鸟骤然觉醒。我常开玩笑说:"是恶意差评促成了雷鸟在政治意识上的转变。"可不得不说,男人的劣根与恶习,确实具有这样催人上进的功效!

关于贞操、卖春、事实婚姻的争论

　　《青鞜》毕竟是一本公开发行的杂志，会投递到全国万千读者手中。怀抱各种难题与烦恼的各地女子，读过文章后深受启发，便毅然离家出走，连招呼也不打就上门来投奔雷鸟。其中有一位姑娘，正是后来大名鼎鼎的妇女解放活动家伊藤野枝[1]。这些前来投奔的女子结成了社团，时常激烈探讨一些在那个年代被视为禁忌的话题。

　　《青鞜》在文章中围绕社会施加于女性的世俗偏见及陈腐价值观自由地畅所欲言，也举办各种文化活动，

1　伊藤野枝：参照书末附录"女性主义群英谱"。

向大众揭示表象之下存在的问题，例如"为了挣钱出卖肉体究竟算不算堕落"之类的贞操争论、卖春争论，或是堕胎争论，等等。平冢雷鸟本人也向世俗观念发起了挑战，她曾公开宣言"此生绝不会选择改姓入夫籍的法律婚姻，而只认同事实婚姻"（后来雷鸟和比自己年轻五岁的男子未登记而组建家庭，并生育了两个非婚生子女，做了母亲）。

除此以外，在其他刊物上，雷鸟和另一女诗人关于"是否该保护母性"的辩论也名噪一时。女诗人对"怀孕生育的妇女向国家与社会讨要保障"持批评态度，雷鸟却以北欧盛行的"母性中心女性主义"为理论依据，反驳道："全社会对母性和母职的保护，是生为女人理该享有的正当权利。"

就这样，当时《青鞜》上载满形形色色的辩论，主题涉及的层面十分多元，广泛涉及第二次女性主义探讨的性存在、性本能、性经验、性别认同

（Sexuality）等一系列议题，以及当今女性在工作、生育方面难以两全的争论。

我在前文曾说，雷鸟的辩论是以北欧推崇的"母性中心女性主义"为理论依据。实际上，以雷鸟为首的《青鞜》同人多数精通外语，在对国外女性主义理论的翻译、介绍方面也一向不遗余力。

女性主义在不同国家往往表现出不同的特点。在英国，它具有个人主义倾向，更注重女性作为"独立个体"的价值。另一边，瑞典等北欧诸国则奉行母性主义，较为重视女性的母职身份。从历史角度审视，起初，强调个人价值的女性主义率先登场，而当它矫枉过正、日趋激进时，母性中心的女性主义才随之亮相，成为对前者的一种"纠偏"。在时间上先后出现的两种思潮，却被同时引介到了日本。关于此点，曾有一行诗句来形容："北国春风一夜到，桃李争妍一时新。"

第一次女性主义浪潮的时代背景

19 世纪末至 20 世纪初，世界各地之所以涌现出女性主义的思潮，起因在于社会形态从"身份等级制"向"近代公民社会"（Civil Society）的转化。当职业、阶级属性所导致的身份歧视逐渐退居到社会远景处时，性别歧视方才来到了大众视野的最前方。在此之前，大众对性别不公太过习以为常，往往视其为天经地义，甚至察觉不到歧视的存在。而这一切，终于在公民社会建立之后作为问题暴露了出来。

关于日本的第一次女性主义浪潮，需要补充的是：《青鞜》的活动之所以拥有巨大影响力，有赖于明治末期至大正年间杂志文化流行的社会时代背景。这一时期，社会上创办了大量面向女学生的杂志或妇女期刊，如《女学世界》《妇人世界》《妇人公论》等。全国女性不仅定期购读，还积极给投稿栏写信、抒发感想，这种踊跃发言的风气盛行一时。

当时的读者投稿栏，曾刊登过一篇写给著名评论家的感言："先生握笔如刀，深具敏锐的洞察力！在这混沌人世里，吾眼所见之事无论美丑，皆覆盖着一层朦胧的迷雾，而您却逐个抽丝剥茧，剖析得一清二楚。（中略）使我孱弱的心灵受到了极大的鼓舞，在此表示由衷的感谢！"（收录于《少女的祈祷：近代女性形象的诞生》，川村邦光著，1993 年版）正是在这样的文化与民众基础上，当年才诞生了《青鞜》之类由女性创办、为女性提供言论阵地的杂志。

《青鞜》与其他同类刊物携手联动，某种意义上缔造了一场文化运动。由于人手与资金严重不足，《青鞜》于1916年无奈停刊。之后，平冢雷鸟作为妇女运动的领袖，又组建了"新妇人协会"，并加入了由市川房枝[1]所引领的妇女参政权运动。鉴于这点，后来才形成了一种定论：第一次女性主义是以争取妇女参政权为终极目标的。

　　不过，如今回望那段历史，如果说"当年的女权先驱们英勇果敢地针对母性、性爱、卖春、贞操等广泛的女性课题进行了不遗余力的探索"，应当也不失为一句公允的评价吧。

1　市川房枝：参照书末附录"女性主义群英谱"。

普选法的颁布，对女性来说是一场败仗

本单元里，我们先来看看日本妇女参政权斗争的来龙去脉。1925 年，正值日本大正民主主义热潮如火如荼之际，政府制定颁布了一项"（仅限）男子参加的普遍选举法"。所谓普遍选举，本该是不限身份、不拘纳税额，任何公民皆可参与投票的政治选举制度。岂知令人挠头的是，尽管日本史与政治史的年表上写着"1925 年，国民普选法确立"，但事实上，却应该写成"男性国民普选法确立"才对，毕竟女性公民根本没有被赋予选举权啊！

若问种族歧视与性别歧视，两者深入人心的程度孰轻孰重，那么不论在哪个国家，都要数性别歧视更根深蒂固。例如在美国，黑人公民的参政权要比白人妇女更早获得承认。在日本，1910年《日韩合并条约》签订以后，居住在本土的男性朝鲜人也要比日本本国的妇女更先获得参政权。男人似乎普遍认为，种族歧视是有违公平正义的，却将女人视为与自身不同的另一个物种。在此重复一句：性别方面的歧视与不公，只有在其他问题退居到远景处时方能浮出水面，进入大众视野。它是一种最后一刻才会获得关注的歧视。

1925年，"（仅限）男子参加的普选法"颁布之际，市川房枝在日记中写下了一段文字，大意是，"我将视今日为妇女参政权遭到剥夺的日子，而将其永远铭记在心"。她的话何其铿锵有声。说到这里顺便提一句，当年日本妇选运动的口号便是"没有妇选，就没有普选"。经由这句口号即可了解，日本的妇女参政权斗争早在1925年以前就已经陆陆续续开展起来了。

普选法颁布的日子，对市川房枝来说并非胜利之日，而是"败北之日"。

其后，妇女参政权运动依旧一步一个脚印，持续进行着抗争。终于，在1930年，众议院制定通过了"妇女公民权法案"。次年，日本发动了对华入侵。随后，战况愈演愈烈，如怒涛汹涌而来，当局再也顾不上商讨妇女参政法案的可行性。结果，直到日本战败后的1945年，妇女始终未能拿到选举权。

于是，日本宪法中关于男女平等的条款，例如规定"法律面前人人平等"的第十四条，规定"家庭生活中应秉持夫妻平等原则"的第二十四条，被曾参与驻日美军将领麦克阿瑟主持的《日本国宪法》起草工作、当年尚且二十二三岁的女性主义活动家贝雅特·希洛塔·戈登[1]形容为"送给日本女性的礼物"。我时常感慨，这个过程不啻为一篇神话。让我们回顾一下当时的来龙去脉。

日本宪法颁布于1946年11月3日。当时，妇女的公民权——亦即妇女参政权——已于将近一年前的1945年10月10日在内阁会议中敲定下来。值此期间，驻日盟军总司令[2]（GHQ）曾向内阁下达了五项重大改革的指示，其中便包含妇女参政权的

---

1 贝雅特·希洛塔·戈登（Beate Sirota Gordon，1923—2012）：奥地利裔美国表演艺术主持人、女权活动家。曾在"二战"后麦克阿瑟将军领导的驻日盟军总司令部担任文职工作，作为团队中唯一的女性，参与了《日本国宪法》的制定。在草案中添加了一系列赋予女性权利的条款，使日本妇女初次享有了在封建社会里长期缺失的，与结婚、离婚、财产继承相关的权利。

2 驻日盟军总司令（General Headquarters）：亦称 Supreme Commander of the Allied Powers，缩写为 SCAP。第二次世界大战的太平洋战争结束后，为执行美国政府"单独占领日本"的政策，麦克阿瑟将军在日本东京建立了盟军最高司令官总司令部，代表同盟国指挥日本政府的运作。英文缩写"GHQ"被日本政界与民间广泛使用。

落实，而时间点恰好在内阁决议的次日，即 10 月 11 日。换句话说，早在 GHQ 下达命令之前，内阁就已经通过了妇女参政权的审议。可见在吃了败仗的同时，政府终于肯正视妇女参政权的问题了。

确实，日本宪法中之所以添加了有关男女平等的条款，契机在于贝雅特参与撰写的草案，这是不争的事实。但日本女性身为主权者所拥有的公民权利却并非来自贝雅特的馈赠。它是从战前起便持之以恒、坚韧不拔地一路走来的妇女参政权运动的成果。

"第一次"与"第二次"之间

　　第一次女性主义浪潮从 19 世纪末至 20 世纪初于全球多国相继爆发，在达成了获取妇女参政权的目标之后，便一时平息，陷入了沉寂。而日本的情况正如前文所述，由于妇女参政权尚未落实，战争已进入白热化状态，当局一时自顾不暇，便搁置了该项议题。

　　如此一来，妇女运动的势头渐次低落，正如前面一章提到的，日本接下来一轮的女性主义浪潮爆发于 1970 年。从第一次的起点 1911 年算起，中间大约有六十年的空白期。

　　那么在这六十年里，广大女性难道没有任何作为吗？实际上，在第一次与第二次女性主义浪潮之间，日本诞生了史上规模最大的妇女组织。

那么"二战"后情况又如何呢？广大女性继续从事着各种社会活动，召开了"日本母亲大会"，组建了"主妇联合会"（简称"主妇联"），掀起了倡导和平的运动……各种由女性筹划和主导的行动从未有一刻停歇。不过，关于这些活动是否能归入女性主义阵营，各方面的意见却有所分歧。

确实有一种观点认为：女性为了争取全体女性社会地位的提升而展开的抗争，方才属于妇女运动范畴。例如，明治前期的自由民权运动[1]。这场运动中曾涌现过女性演说家，呼吁请求"给女人赋予民权！"可惜，该运动虽不乏女性成员的参与，但终

---

[1] 自由民权运动：发生于日本明治时代的一场政治及社会运动，旨在向明治政府提出开设议会、减免地租、修改废除不平等条约、保障言论与集会自由等一系列要求。

归是由男性主导的。

不妨回忆一下，前面章节中给出的女性主义的定义。所谓女性主义：一、是女性自主自发的运动；二、诉求是女性从传统性别角色的解放。参照这项定义，自由民权运动显然不符合第一个条件。而这点恰恰是《青鞜》所引领的第一次女性主义浪潮与之前的自由民权运动之间最大的区别。

此外，与第一次女性主义同时期爆发的还有社会主义运动。但社会主义运动的目标不是争取公民对国家政治的参与权，而是呼唤国家体制改革，山川菊荣[1]等女性活动家也参列其间，从各自的立场出发，呼吁赋予女性应有的权利。然而，社会主义运动、无政府主义运动等，均为男女共同参与、指挥部几乎由男性成员占领的运动。所以说，它们也不

---

1 山川菊荣：参照书末附录"女性主义群英谱"。

符合定义的第一个条件。

至于战后涌现的母亲大会、主妇联等，仅仅符合定义的第二条。以妇女解放运动为起点的第二次女性主义浪潮正如"从便所开始解放"这句口号所呐喊的那样，主要诉求是将传统父权文化分配给女人的性别角色"通通还回去"。而母亲大会、主妇联等却从未提出过此类主张。

母亲大会的主题标语是"创造生命的母亲，以养育生命、守护生命为心愿"。它是为了保障女性身为母亲，能够更好地履行母职而结成的运动团体。至于主妇联，则主张厉行节约以及合理经营家庭生活，是为了主妇能够更完美地履行妻职而形成的团体。两者的诉求都不是期待摆脱女性既往的性别角色。

此外，和平运动中同样不乏女性的身影，但它依然是由男性主导的。何况，要说女性人人都是和平主义者，却也并非如此。"母亲"这个充满文化意蕴的象征符号，格外具有动员力。在过去，无论战争抑或和平时期，"母亲"这一符号都会被拿来当作好用称手的道具。

总而言之，母亲大会和主妇联从未对传统的性别角色抱以质疑，因此谈不上是女性主义团体。至于和平运动，由于是男女共同参与，也不能归入女性主义范畴。我们性别研究者基本是如此定义它们的。

可话说回来，不赞同该项定义的人也并非不存在。毕竟，历史研究在不断发展，各种定义想必也会随之改变吧。为事物赋予定义，是后来者（late comer）的特权。不过目前来看，19 世纪末至 20 世纪初是第一次女性主义，20 世纪 60 年代后期至 70 年代是第二次女性主义。至于发生在两者之间或更早年代的其他妇女活动，则与两者有所区别——这一点在性别研究领域已经成为确定下来的结论，是个全球认可的共识。

フェミニズムがひらいた道

第 3 章

第二次女性主义浪潮的到来

女性身份"主妇化"

  如上一章所见,第一次女性主义浪潮起源于近代社会的成型期,而在其完成期则卷起了第二次女性主义浪潮。

  追根溯源,第一次女性主义诞生的背景,有产业革命的爆发,也有女性身份的主妇化。当产业形态从家庭手工作坊向现代工厂脱胎换骨之后,工作场所与家居环境分离开来,男性的社会角色逐渐向"雇用者"转化,而女性"主妇化"的倾向则日趋显著。当这种近代的性别角色划分越来越趋于定型时,第二次女性主义浪潮便应运而生。

  从世界范围来看,这波浪潮的先声是被奉

为"美国现代女权运动之母"的贝蒂·弗里丹[1]于1963年出版的著作《女性的奥秘》。该书原名为 *The Feminine Mystique*，意思是"女性气质的神话"。弗里丹在此书中，第一次将美国郊外中产阶级主妇——人妻与人母——日常怀抱的"无名难题"（the problem that has no name）诉诸言语。

而弗里丹本人作为美国"二战"后的高学历女性，不仅与精英男士恋爱、结婚，还出于自愿生下小孩，住在郊外的独栋洋房里，是个广告画里描绘的"幸福的中产主妇"。然而，在心灵层面，她却饱受各种冲突的困扰，去精神科医生处接受治疗也丝毫不见起色。这期间，她逐渐意识到，"这并非我一个人的心理问题，而是社会构造的问题"。可惜，当她试图描述这些心绪时，却苦于找不到达意

1　贝蒂·弗里丹：参照书末附录"女性主义群英谱"。

的词句。于是，她将之形容为"无名的难题"，写进了《女性的奥秘》一书中，谁知该书甫一出版，便立刻成为爆炸级的畅销之作。

弗里丹指出，中产阶级的人妻与人母，向来是世俗鼓吹的"女性幸福的终极模板"，但实际上，她们却过着牢狱一般饱受禁锢与束缚的生活。这是性别角色分工与近代家庭形态（工薪族＋职业主妇）处于成型期才会爆发的问题。

在日本，问题的出现则较之略晚。在本书第一章中我曾写过，日本的妇女解放运动诞生于1970年，但早从20世纪60年代起，整个社会就为它的爆发做好了"准备"。60年代，日本兴起了名为"生活革命"的潮流，战败后持续多年的社会形态短时间之内便发生了骤变。那么，究竟改变在哪里呢？

首先，人口都市化急剧发展，产业结构也随之发生了改变。1950年以前，第一产业（农林渔）的就业人口，占总人数的30%，而到了20世纪60年代，才不过短短十年，这个比例已锐降至10%左右。此外，不仅个体经营者及其家庭从业人员与企业雇用者的人口比率发生了逆转，相亲结婚与恋爱结婚的比率也呈逆转之态。累积结婚率（一生中至少结过一次婚的公民人口比例）达到了男性97%、女性98%的最高峰值。

另一方面，在短短十年间也从一对夫妇平均生四个孩子减半至两个孩子。待大家有所察觉时，世间已充斥着"一对夫妇＋两个孩子"的家庭组合。日本在人口调控方面素来是世界各国中的优等生，在极短的时间内，在未曾强制实行独生子女政策的情况下，达成了出生率减半的目标。

像这样把各项社会指标摆在一处看看，马上就会明白，20世纪60年代，日本人的生活方式发生了怎样翻天覆地的剧变。经由这种剧变，"工薪族+家庭主妇"的性别分工体系方才得以成型，妇女解放运动也随之擂鼓登场。

妇女解放运动的具体作为
及女性的"性自主"

　　那么具体说来，妇女解放运动到底从事了哪些活动呢？

　　首先，女权活动家们一开始并未给自己的行动冠以"妇女解放"之名。1970年10月21日，"女子解放大游行"爆发之后，相关团体直到11月4日方才筹办了日本首次以"妇女解放"为主题的集会。而这次"全员女性"的示威活动，其策划与主办团体战斗女性同盟打出"妇女解放"的旗帜，也是大游行之后的事。1971年，"妇女解放活动营"揭幕。活动营规定仅限女性参加，会员们同食同宿，为期四天三晚，地点设在长野县。次年，又召开了"妇女解放大会"。

直至该节点，"妇女解放"之类的说法都是经由美国传播至日本的。当时，美国女权人士焚烧胸罩等一系列追求身体解放的举动在大众媒体的歪曲渲染下，显得离经叛道又荒谬可笑。"丑女的歇斯底里""女人大惊小怪的吠叫"等，男性媒体对此极尽嘲讽。故而"妇女解放"这个词，是伴随着各种妖魔化的污名传入日本的。

田中美津在公开打出"妇女解放"的旗帜之前，曾在1970年的某篇文章中如此写道：

"妇女解放"这个词，听来既土里土气，又有种装腔作势的感觉。这么形容或许不够恰当，但非要说的话，总叫人联想起主妇联那些中年大妈手举标语牌，扭着大屁股，步子怩怩地行进在大街上的模样。继续细品的话，明治时期以来，那些为女性争取权益的斗士一副中性化的面目、略显歇斯底里的形象也在眼前呼之欲出。

——《关于"妇女解放"的个人视点及若干设问》

"妇女解放"这个词，是从英文 Women's Liberation 翻译而来。在当时，田中女士最初也对妇运人士抱有几分由男性媒体炮制出来的偏见。她大概未曾想到，自己后来也会被奉为"妇女解放的斗士"吧？

1971 年，田中与伙伴们之所以将她们的抗争活动定名为"妇女解放"，原因在于她们下定决心要对这些污名欣然笑纳。一面承受曲解与滥用带来的消极影响及失控风险，一面将其采纳，化为己用，当作自身的冠名。她们甚至主动将"巫女"

（witch）、"婊子"（bitch）之类的蔑称拿来为己所用，举办了一场"巫女音乐会"。

日本妇女解放运动的核心领袖田中美津等人将活动的大本营设立在位于新宿的"妇运中心"。此外，全国各地也遍布女性的活动据点。例如东京育儿公社、札幌的彗星会馆、京都的"香巴拉"[1]会所，等等，这些女性专属的空间，一概不允许男性入内。此类场所的设置，成了女性自主运动团体的共同特征。为什么呢？因为但凡有一名男士在场，女性成员的态度就会有所转变。

一些妇女解放活动营，同时也拒绝男记者的采访。这种回应方式虽说多少有些不妥，可一旦允许男性入内，营地的氛围就会发生改变。主办者称："如果有采访需求，就派女记者来好了。"但在当

1　香巴拉：是梵语的音译，又译为香格里拉，是藏传佛教中所说的理想圣土。

时，各家媒体几乎都未聘用过女性记者。此时，主办者便会趁机提出条件："没有女记者，那就先去雇一名呀！"为何当时传媒行业没有女性从业者呢？这个问题，我将留待第四章"男女雇用机会均等法"的单元里再谈。

就这样，全国各地的女性共同打造了一个个"请男人离场"的独立空间。在那里，与其说她们致力于社会变革，不如说是寻求自我解放：了解自己的身体，发起倡导自然分娩的运动，甚至在公社里过起集体生活，彼此协作，共同育儿。"从便所开始解放"，呼吁从男人的性剥削、性压榨下逃离，而此类社团的建立，旨在追求"性与身体的自主"。

正如美国的女性意识觉醒团体（Consciousness Raising Group）时常组织一些内部互助活动，日本女性也自发开始了这方面的实践。她们通过与其他女性成员分享彼此的个人体验、确认共同之处，从而了解到性别相关的诸多问题与现象背后都存在系统化、结构化的成因。第二次女性主义在全球广为人知的一句口号便是，"个人的，即政治的"（The personal is political）。关于这点，日本女性可谓深有体会。

妇女解放运动的高潮

　　1972 年，妇女解放运动开始急速向政治化转型。此时，某些以"生长之家"[1]之类的宗教团体为后援的国会议员发起了针对《优生保护法》的修订改良行动。

　　《优生保护法》起源于"二战"前，是以"防止后代人口质量劣化"为目标，针对绝育手术、人工堕胎等医疗手段的应用，所颁布的一系列规定。"二战"后，堕胎条件又增添了一项"经济方面的理由"。借此，合法堕胎的适用范围得到了进一步

1　生长之家：日语为"生長の家"，是"二战"以后流传开来的，融合了一神论、新世纪思想的日本新宗教。

的放宽。

然而，由于20世纪60年代出生率一路走低，社会上涌现了不少反对堕胎的声音，他们认为这条"经济方面的理由"应当从优生法中剔除，声称"怀孕了就该生下来"。日本女性对此展开了激烈的反击。此时，妇运成员们破天荒发起了针对国会的抗议与静坐行动。这一时期便是日本妇女解放运动的高潮。从运动团体的规模、动员人数及政治化倾向来看，的确达到了前所未有的高度。

当时，最受瞩目的团体要数"保护堕胎·避孕权联合会"（反对《禁止堕胎法案》、要求政府解禁避孕药的女性组织）。成员们头戴"小粉帽"（粉红色头盔），肩并肩，手挽手，组成一排排人墙，呈现出一道图画般壮丽的风景线。此外，她们还发起过抗议男人恣意使用性暴力等一系列的维权活动，甚至头戴粉红头盔跑到出轨男所在的职场进行示威，这些场面也不失为一幅幅动人的画卷。"堕避会"（日语中简称为"中ピ連"）的举动在媒体的夸张报道下显得怪异又可笑，于是"小粉帽"一时成了日本妇女运动的代名词，社会对维护女性权益活动的妖魔化也随之愈演愈烈。

妇运人士内部对"堕避会"的评价也分成了正反两派。当时避孕药刚由西方引进日本，日本国人对药品的副作用仍持怀疑和观望态度。政府对避孕药的解禁远比其他国家滞后得多。正是有这些背景因素存在，妇女团体对其态度才同样不甚积极。"堕避会"的代表人物榎美沙子[1]1977年率领"日本妇女党"参加了参议院的政治选举，不幸以败选告终，自此从公众视野中隐去了身影。

1　榎美沙子（1945—　）：日本妇女解放活动家，妇女性教育协会准备会理事。曾创立"保护堕胎·避孕权联合会"，以推动避孕药合法化，成为日本妇女运动的象征。

堕胎权，是女性"个人自主决定权"的核心所在。日本战后，在"优生保护法指定医师"这块招牌的保证下，女性一直能享受安全且价格相对低廉的堕胎服务，这种医疗福利在世界范围内都比较稀少。

这一点，是日本妇女运动和他国之间最大的区别。之所以如此，也是因为在基督教圈，尤其是天主教国家，堕胎在漫长的历史岁月中一直属于不合法行为。比如爱尔兰，直到2018年才确立了堕胎的合法性。因此，围绕堕胎权的抗争始终是全世界女权运动最大的一项政治诉求。1971年，在当时堕胎还不合法的法国，西蒙娜·德·波伏娃[1]联合三百四十三位社会知名女性，签署并发表了一份

1　西蒙娜·德·波伏娃（Simone de Beauvoir，1908—1986）：法国存在主义哲学家，政治活动家，女权思想家。1949年出版《第二性》，在思想界引起极大反响，成为女性主义的经典著作。

《荡妇宣言》，公开向政府喊话："我堕过胎，请来逮捕我吧！"该事件在女权史上极为著名。

而对比之下，日本甚至有个不太名誉的称号，叫作"堕胎天国"。先不论幸与不幸，反正日本妇女从来没有争取堕胎权的必要。哪知到了1972年，形势逼迫下，大家也不得不为堕胎权而奋起一搏了。

反对修订《优生保护法》的斗争过程中，一些残障人士团体针对"生与不生是女人的自由"这项主张提出了异议，导致女性与残障者群体间的利害冲突逐步尖锐起来。田中美津及一些女权人士，先是退一步，承认选择堕胎的自己将是个"杀死自己孩子的女人"，同时也开始反诘，为何我们的社会"让妇女和小孩都活不下来"？由此诞生了一句运动口号："创造利于女性生育的社会，创造女性乐于生育的社会！"

此时，妇女解放运动的声势达到了最高点。女性团体以强大的实力、绝不让步的行动、静坐示威等手段，成功阻止了议会对《优生保护法》的修订。是的，斗争胜利了。时至今日，日本女性依然享有堕胎自由，说是这场运动的功劳大概也不过言吧。

其后，以"生命允许筛选"的优生学思想为基础制定的《优生保护法》终于被废止，更名为《母体保护法》[1]。然而，确立于明治时期，规定堕胎非合法的《刑法》之"堕胎罪"却一直保留了下来，沿用至今。

---

[1] 日本《母体保护法》是日本于1948年7月13日颁布的一项法律，最初名为《优生保护法》，主要规定了通过绝育手术及堕胎手段来保护母亲健康的有关事项。该法律参照纳粹德国的《绝育法》制定，旨在通过对患有疾病的人实施绝育手术，以防止该类人产生后代。该法当时规定实施手术可不经本人同意。日本共有约2.5万名残疾人被实施绝育手术，其中约1.65万人为强制。

这场如火如荼的斗争大获全胜之后，日本的妇女解放运动也渐渐进入了退潮期。当初的运动领袖们，生娃的生娃，带娃的带娃，个人生活纷纷忙碌起来。尔后，1975 年，联合国为纪念"国际妇女年"的设立，在墨西哥召开了"第一次世界妇女大会"。这一年，田中美津去了墨西哥，从此再未回到日本。

用她自己的话说，在那之前，新宿妇运中心的人际关系已陷入僵局，令她感到难以为继。我猜这种局面或许跟她逐渐被"偶像化"不无关系。为了脱离压抑闭塞的环境，墨西哥之行大概算是某种意义的"逃亡行动"吧。虽然新宿妇运中心在田中美津离去之后继续运营了一段时间，但最终仍以解散收场。鉴于这点，1970—1975 年被认为是日本妇女解放运动的主要活动期。

"国际妇女年"的强烈冲击

　　仿佛是为了替代逐渐退潮的妇女解放运动，自1975年起，"女性主义"这个名词一跃来到了公众视野的最前方，同时也成了国家应当致力解决的课题。契机是联合国将这一年设为"国际妇女年"。自此，联合国开启了属于女性的黄金十年。

　　首先在1975年，各种女性团体与协会抓住"国际妇女年"这个良机，纷纷发起了行动。包括母亲大会、劳动工会的妇女部在内，日本全国共计约二十五家女性组织团结起来，组成了联盟。号召大家凝聚在一起的是当时的参议院议员市川房枝。

　　此外，1979年，联合国提议通过了《消除对妇女一切形式歧视公约》（Convention on the Elimination of All Forms of Discrimination against Women）。而 1980 年 7 月 14 日，日本首位女性联合国大使高桥展子在丹麦哥本哈根召开的"第二次世界妇女大会"（"联合国妇女十年世界会议"）上签署了承诺。起初日本政府态度暧昧，显得有些摇摆不定。但在国内外舆论的压力下，高桥展子最后一刻终于在公约上签了字。

国际社会通行的惯例是，国际公约在签署后的五年内，假如各国的国会不予批准，就无法启动生效。于是，在公约签署五年后的 1985 年，日本政府为了配合公约的批准，整备了两项国内法案。

第一，为了纠正国际婚姻中男女公民在权利资格上的不对等待遇，国籍法进行了修订。在此之前，日本女性如果与外国人结婚，就会立刻丧失日本国籍。厉害吧？叹为观止吧？女子只要出嫁，便是夫家的人，胆敢跨国结婚，便是别国的人——简直是传统父权制之下封建观念的赤裸裸的体现。顺便补充一句，日本男性公民如果娶了外国女性，并不会丧失日本国籍。这是彻头彻尾的性别歧视。而这样荒谬的法律居然一直沿用到1984年！

第二，在女性就业、企业雇用方面，为了实现男女平等，日本推出了《男女雇用机会均等法》。这项法律的确立，是在1985年5月，而《消除对妇女一切形式歧视公约》获得批准，则在同年6月——勉强踩线过关。我猜日本国会在批准公约这项举措上，其实不太心甘情愿。但不管怎么说，日本政府至少在形式上做足了功夫。

两种类型的女性主义者

就这样，自 1975 年以后，在联合国的积极推动下，日本不得不加入这股大潮，各种对女性权益的诉求也逐渐在国策制定中得到了体现。某些人士将这段时期称为妇女解放与女性主义的"断代期"。事实上，各妇女团体的领袖与管理者也相继换任。尤其早期引领草根妇运的活动家们，对眼前这批"精英派"最为反感，坚决强调"断代"这一说法。不过，若问女性主义是否真的断了代，倒也谈不上。

原因在于，取代了早期的妇女解放斗士而号称"女性主义者"的人，分化成了两种类型：一种是受到早期妇女运动的强烈影响而成长起来的女性主义者；另一种则是对妇女运动原本感受不佳的一批人。

而且，从这时起，好多人开口发表意见前总喜欢先铺垫一句"我并非妇运人士，不过如何如何（I'm not a Lib but...）"。妇女运动在媒体的负面渲染下早已被严重妖魔化，说话的人希望同其撇清关系，于是先声明"我和她们不是一类人"，随后再赞同"不过她的话也有一定道理"。隐含之意就是"我虽然不属于妇运分子，但我是个女性主义者"。

妇运人士自然对这种说辞极度不悦。在她们看来，这帮所谓的"社会精英女性"，冲锋陷阵时姗姗来迟，事后却妄图独占胜利果实，于是言谈间总格外强调："我不是女性主义者，而是妇运人士。"

可惜，"女性主义者"这一称谓也几乎转瞬间便被污名化了。于是，随之出现了"我并非女性主义者，不过如何如何（I'm not a feminist but...）"的说法，哪怕发表的意见百分百正确，在为女性伸张权利时，也总要先澄清嫌疑。

在这样的背景下，妇运人士和女性主义者之间总有点小小的隔阂与不对付。不过历史这东西，总是事后方才得到定义的。放在今天，"妇女解放运动是第二次女性主义的嚆矢"已经成了一个确定性的结论。因此，将那些自报家门为"妇运人士"的前辈称作"女性主义者"，也就没什么心理负担了。

"个人的，即政治的"[1]

在这个单元里，我们来总结一下"妇女解放运动"和"第二次女性主义"的历史意义。第二次女性主义最大的作用便是对原有政治观念的颠覆。"个人的，即政治的"，是第二次女性主义浪潮中流传最广的一句口号。

在此之前，人们认为：政治这东西，是一群政治家在国会里捣鼓的事情，而普通市民的日常生活跟它扯不上什么关系。因此，争取妇女参政权的运

---

1 原文为"Personal is political."。该口号的起源不详，而在 1970 年美国女性主义活动家卡罗尔·汉尼斯（Carol Hanisch）发表同名文章后开始流行起来。

动，属于政治；而郊外中产阶级主妇（人妻与人母）内心的冲突与挣扎，则算不上政治问题。

然而，第二次女性主义却推翻了这种观念。例如，托儿所打来电话，说小孩发烧了。此时，接电话的人是谁？谁放下了手边工作，急忙往托儿所赶？以往大家总认为，这属于个人生活层面的小事，夫妻之间随便决定就行。但实际上，无数此类的"琐碎小事"汇集起来，便构成了政治问题。而政治观念的这种转化，是巨大的改变。

鉴于这点，在我看来：日本妇女解放运动，在学生运动的退潮期登上社会大舞台，具有非凡的历史意义。原因在于，包含新左翼在内的学生运动，目标是社会革命。而革命是非日常的。但与之对比，妇女运动关切的议题却与日常生活息息相关。"你今天给宝贝换尿布了吗？"这种追问，使得斗争的战场发生了彻底的转变——从一场以日常化的手段（个人的）来争取非日常目标（政治的）的运动，变成了把日常生活本身（个人的）变成了权利战场（政治的）的运动。比如刚才的例子，托儿所打电话来时，夫妇二人该由谁放下工作去接孩子？儿童入托的问题恰恰属于政治性难题，而权利斗争的场域已然深入到了家庭生活层面。

此时距离"二战"结束已过去四分之一世纪之久，政治权利的平等虽已实现，社会层面的平等却远未达成。妇女解放运动对此提出异议：新宪法颁布后妇女终于获得了选举权，但女性的整体境遇并未随之改善，在人生前方等待每位女性的主妇生活简直无异于牢狱。第二次女性主义萌发于近代社会的成型期，是对近代社会的批判运动。

同时，女性主义也对过往由男性主导的社会运动从组织论、运动方式等角度大声提出了质疑：让女性牺牲掉此刻的权利，能获得未来的解放吗？没有今日的女性解放，谁来承诺明日的自由？我将这种观念的变迁称作，由"大写的政治"向"小写的政治"的转变。

フェミニスム
がひらいた道

第 4 章

女性学的
登场

フェミニズムの道

女性主义向学术领域重拳出击

前面一章里，我们回顾了作为社会运动的第二次女性主义浪潮的发展脉络。接下来，我打算谈谈学术领域的一些动态。这部分内容将与我自身的经历有所重合。

在日本，女性学这门学科诞生于 1977—1979 年。与女性学相关的四个学术团体（1977 年的日本女性学研究会与国际女性学会、1978 年的女性学研究会、1979 年的日本女性学会）相继在这一时期创立。我是隶属其中的、以关西地区为据点的日本女性学研究会的成员。

关东地区也有一家女性学研究会，是由社会学家井上辉子[1]主导，以研究者为核心的团体。井上女士接受过妇女解放运动的影响。在她参加活动营时，听说美国诞生了一门名叫"Women's Studies"（妇女研究）的学科，留下了深刻的印象，遂下定决心要在日本把这门学科发展起来。我把这称为"女性主义向学术领域的重拳出击"。

井上辉子是在日本最早提倡创立女性学的人。"女性学"这个名称，也是由她亲自选定，直接从英文"Women's Studies"翻译而来。实际上，这是个错译。但我喜欢称它为"创造性的误译"。"Women's Studies"在英文中原本的意思是"关于女性的一些跨学科研究"（Interdisciplinary Studies on Women），如果忠实于原文的话，应当照此来定名才对。不过井上老师在回顾中曾说："当年我是故

1　井上辉子：参照书末附录"女性主义群英谱"。

意翻译成女性学的。"

井上老师翻译的"女性学",听来仿佛是开辟了一门独立领域的学科。她对其给出的定义是:一门关于女性的、由女性从事的、为女性所享的学问。这句话模仿和套用了林肯的名言,"民之所有,民之所治,民之所享"[1]。不过,定义一出炉马上引发了激烈的争议。有人吐槽道:"'关于女性',意味着以女性为研究对象,这个说法没什么问题,但'由女性从事'这个规定,难道是不允许男性参与研究吗?"同时,在他们看来,"为女性所享"这个表达,意味着"为女性集团谋求福利",而为社会某特定集团的利益服务,属于意识形态范畴,不能算作一门学问。

---

1 语出于林肯在 1863 年 11 月 19 日发表的《葛底斯堡演说》,原文为 "that government of the people, by the people, for the people, shall not perish from the earth",通常也译为"民有、民治、民享的政府必永续于世"。

女性学到底是什么？

我认为，井上老师给女性学赋予的定义，可谓厥功至伟。首先，女性学这个名称最主要的含义是：由女性从事的、围绕自身体验而展开的"当事者研究"[1]。它使女性从研究的"对象 = 客体"变成了研究的"实施者 = 主体"。

我在初次邂逅"女性学"这门学科时，简直有茅塞顿开之感，忽然发现居然还可以自己研究自己。如果认为做学问必须秉持客观中立的原则，那

---

[1] 当事者研究：近年来日本流行的一种学术研究模式。最早始于北海道的浦河红十字病院精神科，主要组织一些精神障碍人士及其家属，围绕病患自身的问题，进行心理复健、病情评估等研究活动，作为认知行为疗法的一种。后来这种模式逐渐被各个学界采纳，并流传开来。

么女性研究女性就会有沦于主观之嫌，希望对女性展开客观的研究，就得排除女性，非男性不可。

实际上，过去已经有过不少男性学者发表的女性论。国外有奥托·魏宁格[1]、叔本华、格奥尔格·齐美尔[2]等人，日本有作家渡边淳一、吉行淳之介[3]等人，他们都写过分析女性的文章。可惜读完就会发现，这些纯粹是男人脑子里对女人的意淫。尽管如此，大家依然迷信"男人眼中的女人才是女

---

1 奥托·魏宁格（Otto Weininger，1880—1903）：奥地利哲学家、作家。著有《性与性格：生物学及心理学考察》。在该书中，他发表了许多关于女性的观点，例如"妇女的自然体现实际上只有两种类型，由于'妇女需要的是性交，而非爱情'，因此，她看待性交，一是作为母亲，即获得孩子的手段；二是作为妓女，即获得快感的手段。""化身为男人的性欲就是女人的命运，女人只有一个目的——延续男人的罪……"等等。

2 格奥尔格·齐美尔（Georg Simmel，1858—1918）：德国社会学家、哲学家。主要著作有《货币哲学》等作品，是形式社会学的开创者。

3 吉行淳之介（1924—1994）：日本文坛第三批新人派的主要作家。代表作有《暗室》《骤雨》《到黄昏》《鸟兽鱼虫》等，曾获芥川奖、谷崎润一郎奖。

人"。女人到底是什么？这个问题，女人自己最清楚，用不着男人来指指点点。原来世上也存在"由女性从事的女性研究"，意识到这一点，对我来说真是如梦初醒。近来，不少患有认知障碍症或身心障碍的群体都开始红红火火搞起了当事者研究。此刻仔细想来，可以说女性学才是当事者研究的鼻祖。

另外，关于"为女性所享"这一点，我也想补充几句。从一开始有些人就认为，女性主义是一种为女性集体谋求权益的思想。这种观点，以第二次女性主义时期提出的"女性的集体身份认同"的成立为前提。当时有句著名的口号"姐妹情谊跨越全球"（Sisterhood is global），意思是说"女性之间的情谊纽带，足以超越国界将彼此联结"。此话是由美国女性主义运动的领军人物罗宾·摩根[1]提出的。

---

1 罗宾·摩根：参照书末附录"女性主义群英谱"。

这句口号如今遭受了不少恶评。甚至不乏女性对其持批判态度，理由是"就算同为女性，也未必拥有共通的体验"。但我们必须考虑到，任何思想主张的诞生，都必然有它的"前史"。

正如我们在第一、第二章中所述，女性主义崛起之前，浮现在公众视野最前端的首先是种族歧视与阶级压迫，女性群体也同样会被种族、阶级身份所割裂。白人妇女与黑人妇女没有共通的生活体验，从情感上无法产生联结；女资本家与劳动阶级妇女拥有完全不同的人生，也找不到彼此联结的依据——这种论调被一直强调至今。

但事实上，无论是资本家的太太还是黑人女佣，身为女人，她们总会有一致的经历或感受，都有可能不情不愿、身不由己地怀上孩子，或遭受丈夫的家暴。将这些生命体验作为问题提呈到桌面上来，便是首次越过人种与阶级的屏障，尝试建立起来的"女性集体的身份认同",也是"姐妹情谊跨越全球"这句标语所要传达的含义。

就算同为女性,每个人也是不一样的,这是毋庸辩驳的事实。不过,在说出正确的废话之前,至少有必要承认,"我们身为女性,确实拥有彼此相通的生命体验"。

问题不在女人，而在社会

女性学诞生之初，并非出现在大学课堂，而是作为一门民间学科，在校外创立起来的。为了学习来自美国的"Women's Studies"课程，大家自主成立了许多学习小组，分布在日本各地。其实，这种由草根民众自发组织的小规模社团原本就遍及全国，只是在原有课程之上加入了一些研习女性学、阅读女性主义资料文献的"小组课"。

第三章里，我曾谈到过贝蒂·弗里丹提出的"无名的难题"。在日本，女性学最初致力研究的也是主妇问题。有句俗话说："女人的一生像局双陆棋，而当上主妇，就仿佛在这盘棋里成为最后赢家。"可主妇这个身份究竟意味着什么呢？女性学小组开始了以"性别角色分工"为主题的研究。

这时，性别研究的"版图"与"地盘"都发生了改变。这话什么意思呢？它是说，当女性学在日本崭露头角的那一刻，原本以"妇女问题论"为专攻领域的女性前辈们表露出一丝不快，理由是"在这之前，我们早就研究妇女问题好多年了，干吗又巧立新的名目？"但在井上老师她们看来，"妇女问题研究"是将诸如"娼妓从良后如何自力更生""劳动妇女分娩难"之类的课题，即"处于社会边缘"的女性群体面临的状况，视为对象来加以剖析。所谓"妇女问题论"，就是研究"问题妇女"的学问。如此一来，那些按照"正常社会规范"来生活的非边缘主妇就被排除在了研究范围之外。况且，妇女问题论隶属于社会问题论的范畴之下，也是社会病理学的一个分支领域。

于是，新诞生的女性学提出了"问题不在女性而在社会"的新主张，重新划分了既有的学术"版图"与"地盘"。我认为这是女性学最大的功绩。

而我个人亦从中受到了极大的影响。可以说，我开始从事主妇问题研究，正是为了响应女性学先驱原博子[1]与岩男寿美子[2]两位老师的建议。如今，也许多数人并不了解我的这段经历，但当初在 1982 年，我正是凭着一套两卷本的著作《围绕主妇的争论全记录》作为性别研究学者而正式出道的。同年，我又出版了《性感女孩大研究》一书，获得了公众的广泛关注，甚至一度被当成"爱

1　原博子（1934—2019）：日本文化人类学者、性别研究者、御茶水女子大学名誉教授。著有《儿童的文化人类学》《从女性学开始》《母亲的世代》等。

2　岩男寿美子（1935—2018）：日本心理学家、庆应义塾大学名誉教授、男女共同参画审议会会长。著有《从女性学开始》《女人的智慧：茶室里的谈话》等。

钻研下流素材"的学者。但其实,我的研究绝非仅此而已。

如此一来,被广泛知晓的女性学才逐步进入了大学课堂。而我自己则开始在京都大学担任"自主研究小组"的讲师,这是由学生自行挑选和决定的。此外,在我所任职的平安女学院短期大学内部,也慢慢开始导入了一些女性学相关的综合讲座。在此过程中,我曾被教授会议里那帮老学究挖苦道:"你搞的也算是学问吗?"气得我直哭鼻子。所以,女性学创建的历史,正是一路披荆斩棘,克服公众的不理解、学界内部的抵触与排挤,一点点侵入大学教育体系与正规课程,不断扩大自身研究领域的过程。

当我总算可以树起女性学的招牌,堂堂正正在高等学府里授课时,不久,东京大学便向我发出了邀请。这意味着,女性学终于在学术世界获得了应有的"公民权"。它成了增设教学职位、评定职称等级、分配研究经费的对象，也取得了学术成绩与各界的好评，也不再有人挖苦说："你搞的也算是学问吗？"

妇女运动的组织论

　　本单元里，我想谈谈在自己所从属的日本女性学研究会中积累的一些经验。我与研究会的诸位同人都是作为"书写者"成长起来的。当然，同时也培养了善读的能力。

　　女性主义内部分为"运动派"与"学术派"两个派系。学者们经常遭到运动派的反诘："你们研究的这些东西，对搞运动到底有什么用处呢？"但在我看来，搞运动和搞学问之间并不存在那么巨大的鸿沟。女性学本身便是一场运动，是同时培养"书写者"与"理解者"的运动。

　　而在从事这种运动的日本女性学研究会里，当我还是初入门的稚嫩新手时，曾掀起过一场"不流血的革命"。该研究会于 1977 年从京都发展起步，由当时的京都名流、社会教育学家富士谷笃子[1]牵头，联合学界的一批老先生担任理事而共同组建。同时，他们也覆盖了高层的管理席位。当时的事务局长是我的朋友国信润子，曾以社会生身份就读于京都大学研究生院，同时在富士谷女士的手下工作，形如左膀右臂。

　　某次，以新人身份在事务局担任志愿者的我，忽然冒出了一个朴素的念头："这样的组织架构，称得上是女性主义研究机构吗？"我把这种困惑告诉了国信润子本人，而这位工作上堪称鞠躬尽瘁的事务局长居然附和道："我也这么觉得。"周围的其他同事也纷纷赞同。

1　富士谷笃子（1932—　）：评论家，日本性别学会前会长。著有《由三十岁出发》《主妇的闪光时刻》《女性学入门》等。

于是，我们这帮人干了些什么呢？我们策划在组织内部搞一场民主化改革。不过，单单由大家轮流担任理事长，也不过是每次换个人来坐这个位子而已。我们索性修改了组织章程，废除了理事长这个职位，同时也取消了事务局这一部门，重设了一个运营委员会，由举手自荐的人担任运营委员。换言之，大家确立了一个原则：动手的人也得动口，动口的人也得动手。我们甚至废除了流于形式的、平时只会发发委任状的全员大会，由自主展开日常工作的运营委员负责制定各种决策。这样既不设理事会，也不开全员大会的组织架构，截至今日一直运行了四十年。在我看来，这简直是个奇迹。通常情况下，稍微搞点人事改革，组织便会分崩离析。而富士谷笃子老师也十分有度量，始终没有辞职，而是作为一名普通会员留任至今。由于未曾牺牲一人（退会者）便完成了这场组织变革，所以它才被誉为"不流血的革命",成了一段学界流传至今的佳话。

组织论中有一条铁则,"情报集中之地,亦为权力集中之地"。为了绕开它的束缚,内刊的简报不是由固定的某位成员撰写,而是每期交由一名毛遂自荐的成员,由大家轮流负责,同时,让有经验的老成员与刚入门的新手搭配干活,称为"师带徒",任何人都有机会担任负责人。学会内刊叫作《女性之声》(Voices of Women),创刊号以手写的方式制作,而当时担任编辑的正是我本人。

此外,大家还创办了一份日本最早主打"女性学"名号的学术刊物,叫作《女性学年报》,它的初代主编也是由我担任。当时为了避开信息固化的陷阱,每年编辑委员会同样以举手自荐的方式募集成员,主编的人选也是一年一换届。

我之所以思考出这样的组织模式,背景在于自己当年参加学生运动时的苦涩经验。学运的组织形态类似于某种军队架构，设有一套上令下达的指挥系统，成员划分为"官"与"兵"两个层级，权力全部集中在上层。我希望尽最大可能避开这种垂直的组织架构。这是一次组织论与运动论的双重变革，同时也是女性主义本身致力研究的课题。

当时，还发生过一件有趣的逸事。80年代初期，某出版社打算编纂一本一目了然方便查阅所有女性团体的索引手册。为了搜集信息，责编向各家团体挨个儿寄出了调查问卷，请求大家填写机构所在地、联络方式、总代表姓名等，谁知却收到了某些团体发来的怨言："居然设有总代表姓名一栏，也太失礼了吧！"

当时大家普遍对女性集团里设置"总代表"一职从心理上抱有抵触之感。我将这种心理倾向称作"从金字塔形向滚石形转化"。其实大家并不是否认

"领袖力"的存在，只是希望从组织形态上避免出现僵化的局面，每一次项目更换都会随时调整"领导者"与"追随者"的配置，这样有意识地改造组织架构，使其更加平面化的做法（我称之为"无构造的构造"），在当时的女性运动中广泛流行。

那之后，日本出台了 NPO 法，全称《特定非营利活动促进法》，许多民间自由团体开始拥有了法人资格。但作为代价，理事会也好，全员大会也罢，皆被纳入了组织章程而固定下来，大家逐渐被这套模式束缚住了手脚。许多市民团体皆以男性最为熟悉的"金字塔形"权力构造作为组织架构的标准模板。如今，我也一反初心，在某家 NPO 机构里担任理事长一职，对于最憎恨被组织绑架的我来说，不啻为痛苦而无奈的体验。

不过话说回来，在我们这家获得政府认定的NPO 法人机构"女性行动网"（Women's Action

Network，简称 WAN）里，理事会成员皆是无偿劳动的志愿者，工作热情比任何带薪人士都要高涨。

日本 NPO 组织的先驱加藤哲夫先生曾有过教导："一旦把理事变为名誉理事，组织就会开始走下坡路。"我们谨记他的训诲，理事会中人人都是亲力亲为的实干者。

由主妇扛旗的"草根女性主义"

我在前文曾提到，女性学的发端是"主妇问题研究"。20世纪80年代，是个由主妇引领的"草根女性主义"广泛流行的时期。那阵子，日本的主妇群体内部发生了圈层分化，割裂成"婚后辞去工作，一直当全职太太"的一派和"婚后以打零工或短期工等方式兼顾工作与家庭"的一派。

当时的家庭主妇，即所谓"团块世代"[1]的女性，

---

1 团块世代：指日本"二战"后出生的第一代，狭义指1947—1949年间日本战后婴儿潮中出生的人群，约800万人，是日本20世纪60年代中期推动经济腾飞的主力人群。该词出自堺屋太一1976年发表的小说《团块的世代》，用"团块"比喻这个世代，是指这一代人为了改善生活而默默地辛勤劳动，紧密聚集在一起，支撑着日本社会和经济。团块世代具有如下特点：父辈多为军人，不少人成长在单亲家庭，没有体验过空袭等战争灾难，自小竞争意识强烈，自我意识较强，青年时期很多人参加过安保斗争等学生运动。

婚后一旦辞去工作，便不再指望有机会重归就业市场。然而，在"后育儿期"[1]住房贷款及子女高等教育费的负担下，为了贴补家用，不少主妇选择回归职场逐渐成为一种社会常态。而处于育儿期的女性，就业率则呈大幅下跌趋势。这便是所谓"M形就业曲线"的成因。可主妇就算婚后出去工作，也要尽量把年收入控制在能够享受纳税减免的"抚养配偶专项扣除"[2]的规定额度之内，因此只能选择小时工、短期工、合同工等非正规的受雇模式。

---

1 后育儿期：指度过婴儿哺乳期之后，孩子逐渐长大，或入托或入学，女性可以从育儿工作中暂时腾出手来，考虑复归职场的一段时间。

2 抚养配偶专项扣除：日本的税收政策中存在一项"抚养专项扣除"的个税减免制度，是指纳税人家庭中若抚养有不具备工作能力的子女、高龄老人或残疾者等，可借此免缴相应比例的个人所得税。同时，也可将无收入的配偶（夫或妻）作为抚养家属，登记到减免对象里，称为"配偶扣除"。在个税减免方面，抚养配偶的法定年工资收入上限为103万日元；医保方面，扶养配偶的年收入上限为130万日元，只要个人所得不超过这个额度，主妇就被判定为户主（丈夫）的"抚养家属"，连带享受丈夫的健康保险。

另一方面，没有重归就业市场，而是选择留在社区和街道的全职太太里出现一类主妇，自称"以地域性活动为专业"（语出自日本女性学会研究员芝实生子）。她们通常属于高学历、高经济水平的女性，之所以甘当无业主妇，本身并不为优先考虑丈夫、孩子的需求，而是为了投身自己感兴趣的社会活动。此类人群往往成了社会教育、公民馆学习社团的主力。当时，日本正处于泡沫经济时期，各区域自治政府的税收收入直线攀升，从而兴起了一股营建公共设施的热潮，当中也包括许多女性活动中心的建设项目。

关于女性活动中心的筹建，自上而下有两股力量在发生作用。一来，是区域政府的长官为了创造行政业绩，一味在公共设施的整备上投注海量纳税资金，需要利用女性活动中心的项目来抬高拨款预算[1]。二来，由"走上街头的主妇们"所主导的女性运动团体提出了设置活动据点的要求，区域政府为了争创"市民参与型"社会，遂配合制订了活动中心的建造计划。

就这样，20 世纪 80 年代，专业主妇们扛起了草根运动的大旗，并把触角伸向了区域行政领域，以致有学者总结道："日本的女性主义，追根究底是政府以行政手段主导的、被国策所收编的女性主义。"但请别忘记，这些成果背后少不了草根女性的积极运作以及对区域政府施政方针的干预。有兴趣的读者请务必读读《她们：为"女缘"而生》（岩波现代文库，2008 年版）这本书，当中记录了我围绕这个主题进行的调查研究。

---

1 这种遭到诟病的施政策略，在日文中称作"箱物行政"，箱物即"建筑"之意，指公民馆、博物馆、美术馆之类的公共设施。

男女雇用机会均等法的表与里

前面的段落里，我历数了 20 世纪 80 年代专业主妇们扎根区域社会、不断扩大影响的实绩。那么，回归职场的女性又有怎样一番作为呢？

让我们把时钟的指针再稍稍拨回去一点。

20 世纪 70 年代曾被称作"女性的时代"。原本女性在走入婚姻前，会以骑驴找马的心态找一份临时性职业当作过渡，然而在徐徐进展的晚婚化趋势下，这份工作却不得不越干越久。于是，日本首次形成了一个购买力强大的女性消费市场。继而，瞄准这类受众圈层，涌现了不少女性杂志，如 1970 年创刊的 *an·an*、1971 年发行的 *non-no* 等。1988

年，*Hanako* 杂志面世，尽管它们打出了"人生不只有工作和结婚"的口号，但本质上还是把这类女性当作消费者来对待。

而这类女性本身也并不指望结婚之后还能继续工作。当时，企业里针对女性实施的"结婚离职制"仍旧是全社会的通行惯例，谁若不遵从这套规则，就会被上司敲打警告。不过，没过太久，企业就察觉到女性其实非常顶用。

首先，在零售业、保险业等主要以女性为销售对象的市场里，或者说在这类适合女性职业发展的行业里，女性的工作年限被逐步拉长，也相应诞生了不少由资深女员工担任的管理职位。其次，企业里原本高中毕业的女性占据主流，自那时起管理者也逐渐开始聘用大学学历的女性。在此之前，拥有大学学历的女性本身便为数不多，再加上企业内部依照学历、性别的等级制度通行着一套"高中毕业的女性搭配大学毕业的男性"的人事配置，压根儿找不到她们的位置。不过，自从企业意识到"女性既顶用又好用"以后，也慢慢开始增加了对大学学历女性的招聘。

在这股社会趋势之下，1985年，国家颁布了《男女雇用机会均等法》。如前一章所见，自1975年起，时代乘上了"国际妇女年"卷起的上升气流，配合《消除对妇女一切形式歧视公约》的批准与通过，日本社会也气氛高涨，迎来了制定这套法案的时机，以禁止劳动就业与企业雇用领域存在的性别歧视。实际上，起步于1975年，以"国际妇女年"为契机而展开行动的女性团体，也为此成立了一个"促进男女雇用平等法制定协会"，并起草了一份法律草案。

可惜，揭开盖子瞅一眼内里会发现，围绕《雇用平等法》而展开的政府审议会，从头到尾都是一个劳方代表委员在资方代表委员施予的压力下一再让步的过程。被不断逼迫和施压的女性代表们最后失望地表示："这种玩意儿我们不需要。"

在我看来，这些斗争经历都是应当写入历史的事实。不过，《男女雇用机会均等法》颁布的当时，日本所有著名的女性团体几乎曾一致表示反对。说出来诸位或许会大感惊讶，但均等法的成立，实际上是日本妇女运动的一次败北。

若要追求平等，就得放弃保护

为什么说均等法的成立是日本妇女运动的败北呢？有两个理由。第一，资方胁迫劳方"想要追求平等，就得放弃保护"，而劳方最终无奈应下了这个不公的条件。资方口中的保护，指的是《劳动保障法》中关于保护女工的一些规定。

《劳动保障法》在战后很长一段时间内都设有保护女工的条例，以保护"母体"为目的：一、女性享有生理期休假；二、禁止女性从事晚上十点至凌晨五点的夜班劳动；三、禁止女性从事危险有害的业务或工种。

在前面一章我曾提到，去妇女解放活动营跑采访的几乎没有女记者，理由便是第二条。由于这项规定的约束，女记者不能深夜跑警局搜集素材、报道案件；不能在地方分社里任职，不能前往新闻第一线执行采访任务，从而也无法积累职业经验与资历。

而经营方则把"要保护还是要平等"的两难选项丢到了女性劳动者面前。可问题是，劳动法里关于保护女工的规定同样是女性劳工经过艰苦卓绝的斗争换取的成果。

此外，妇女运动败北的第二个理由是，经营方口中所谓的"平等"并非实质结果的平等，而是机会上的"均等"。不改变仅适合于男性的职场规则，却要求女性遵守同一套范式，在"平均主义"的条件下展开竞争。再次揭开盖子瞅一眼内里就会发现，大家原本诉求的《雇用平等法》被偷梁换柱改成了《男女雇用机会均等法》，况且连这种"机会均等"也没有实际的约束效力，不过是给女性劳动者画下的一块大饼。

《男女雇用机会均等法》禁止的对象是：招聘与雇用、配岗与晋升、福利与劳保、研修与培训等各个环节存在的女性歧视，然而这当中，只有福利与劳保、研修与培训两项属于经营方必须承担的法定义务。至于招聘与雇用、配岗与晋升等关键性环节，仅规定经营方"具有努力改善的义务"，连相应的惩罚措施都未设置。等于说，就算违法犯法也不会受到法律追究。

咽下资方画下的这块"平等的大饼"，却要放弃千辛万苦斗争到手的劳动法女性保护规定……资方简直是在趁机敲竹杠。而促进男女雇用平等法制定协会的态度是："平等也好，保护也罢，我们都要！"代表们提出，夜间劳动或危险有害工种，如果禁止雇用女性，那么理应也禁止男性从事。可惜，资方绝不可能接受这样的要求，代表们交涉的一项项诉求悉数遭到了驳回。

在这个节骨眼上，女性群体内部未能团结一致，凝聚成一块坚不可摧的顽石，亦是不容讳言的事实。身居管理职位或新闻媒体行业的女性，对这套新出台的《男女雇用机会均等法》欢迎之至，因为关于女性保护的规定会妨碍她们在职场的晋升。如今，报社的社会部、政治部、经济部等有那么多活跃的女记者，都是均等法带来的改变。

"为男士量身定制" 的法律

　　《男女雇用机会均等法》的最大问题在于对仅适于男性的职场规则不闻不问，单单从形式上维持一种机会的平均分配。以男性为中心的日本型雇用模式，全凭这三套组合拳才得以成立：终身雇佣制、论资排辈的薪资体系（即年功序列制），以及企业内部的劳动工会。也就是说，在一家单位里任职的年限越长，便越能获得延迟性报偿。

　　利用这套体系来保证自身长期受雇的男性集团总喜欢说："女人早早辞职是她们自己乐意。"然而，女人之所以辞去工作，真正的原因在于，男人完全不承担家务、育儿的职责，在家中彻底当甩手掌柜。正因为背后存在这种结构性的条件，男人才不须操心家庭，将对男性的长期雇用视作理所当然。

当某种规则对男性或女性集团显著有利或不利时，这套规则便被定义为性别不公或歧视。日本型企业运营模式显而易见起到了性别不公的副作用，它以构造化、组织化的手段将女性排拒在职场之外。而经营方却会表面公平地招募女性求职者："到我们公司来吧！""男女的发展机会是均等的，在同一套规则下和男人们公平竞争，制胜职场，笑到最后吧！"

但事实上，这是一场对女性来说同时背负家务、育儿重担的角逐。在这场给优秀者额外加码的让步赛里，即使一开始双方站在同一条起跑线上，耳中听着同一声发令枪响，女选手也必定会输在终点线。换言之，这是场预先已敲定女方必败的不公平竞赛，却假扮成"是她自己乐意"的模样，像个事先安排好的骗局。

性别研究者大泽真理[1]在某场英文演讲中听到这样一句话，而深感精辟，"这是一套为男士量身定制的法律"。量身定制（tailor-made），原本是给顾客量体裁衣、依照买家的要求为其定制服装的意思。这句话大声揭穿了均等法的本质：唯有能把这身明明不合体的"男装"硬生生套在自己身上的女性，才够资格在职场上生存下去。均等法实施后受雇于职场的第一批女性俗称"一期生"，如今已快六十岁了，而一期生里担任综合职位的女性离职率却极高。在伙伴们相继倒下、尸积如山的战场上，只剩一小撮人活到了最后。这个结局，想想也毫不意外吧。

---

1 大泽真理：参照书末附录"女性主义群英谱"。

女性集团内部的割裂

以均等法的实施为契机，企业将原先对男女求职者采取不同录用标准的"性别筛选制"改成了将女性雇员分配到固定岗位去的"职位定轨制"（即一般行政职位与综合业务职位）。其结果是，男性几乎全员占据了以业务为主的综合职位，而被安排到该类职位的女性仅为极少数，其余大部分都去了行政岗，从而在职场内部形成了一种"性别隔离"的局面。万一哪位男员工主动提出想去行政岗，人事部门肯定会驳回申请，"公司可不能这么乱来"，并劝说他继续安于综合岗。

是否该让综合岗的女员工斟茶倒水，曾经一度成为职场上被认真权衡的问题。管理者很难拿出道理让领着高薪的综合岗女性干端茶递水的杂务，但把她们的名字从值日表上抹去又容易使女性员工内部的人际关系陷入龃龉不合，管理者为此挠头不已。当时在多数公司，大家都会放一只自己的杯子在工位，让女员工帮忙沏茶添水。为此，女员工每天不得不早打卡三十分钟，还要熟记全公司每个人喜好的茶水口味是浓是淡。这种风气居然一直持续了三十几年才逐渐消失。而当时综合岗的女员工在公司里则被当作熊猫似的稀有动物来看待，连带个便当去上班都会被围观饭盒里到底有什么菜式。总之，那个年代职场中上演着形形色色的荒诞悲喜剧，并且以往露骨的性别落差（日文称"性别格差"，英文为 Gender Gap）也被录用之际的职位落差代替，工作中即使遭遇了区别对待，女性也很难投诉说"这是性别歧视"。

无论怎样的事件经历过时间的沉淀，都会成为历史检验的对象。2015 年，均等法成立三十周年之际，女性会员日益增多的日本学术协会（我也是其中一员）主办了一届研讨会，主题为"均等法是否变成了白天鹅？"。意思是说，作为一只不受待见的"丑小鸭"而降生于世的均等法，历经数次修订之后，会不会早已华丽变身，成了一只白天鹅呢？但我个人的回答是："均等法绝非什么白天鹅，而是'新自由主义'这场骗局里一只被宰的鸭子。"

经过了三十年检验，包含我在内的大多数研究者都对均等法持一种批判的态度，大家的结论是："这个嘛，反正有它聊胜于无。"其中最大的理由是：在 1997 年的修订中，将防止职场性骚扰指定为企业经营方的责任，是均等法迄今为止最大的功绩。此外，另一项比较大的变化是在同年度的修订中，将"企业在招聘与雇用、配岗与晋升环节负有努力改善的义务"改成了"禁止存在性别歧视"。

与均等法的成立同样具有重要意义的是 1985 年《劳动者派遣事业法》的出台。战后,职业介绍人之类的行业——说得粗俗点就是帮人找活干、从中抽油水的包工头等——由于违反公序良俗,遭到了政府的禁止,规定个人不得出于牟利目的从事此类活动,而这部分社会职能便交给了"公共职业安定所"(即今日的劳动保障局)来承担。但该项禁令在 1985 年被废除,国家转而允许以营利为目的的民间企业从事此类业务。

这段时期,政治方面的新自由主义改革正逐步深化。所谓新自由主义,是重视市场调节机制,放缓政府干预,缩小行政服务范围的政治经济理论,它的影响力一路持续至今。它在女性雇用方面造成的结果,便是《劳动者派遣事业法》的确立。其后,该法案经历了再三的修订,时至今日,已适用于几乎所有职种，甚至宽松到了"哪怕派遣期仅一天也合法"的地步。拜它所赐，全社会非正规雇用者的人数以迅猛的速度噌噌上涨。

如今，非正规雇员里十人中就有七人是女性，而十名女性劳动者里就有六人是非正规雇员。企业经营方精于各种狡狯的算计，算盘打得着实叫人佩服。在大环境不景气的当下，企业为了削减人力成本，大规模采取非正规雇用策略，女性劳动者只能被动地任其牵着鼻子走。

今日，转身回顾1985年这个年份，若有人发出疑问"那一年到底是怎样的呢？"，估计会得到这样的回答，"那是女性分裂的元年，是女性贫困的元年，也是女女格差的元年"。它是新自由主义的浪涛将女性吞噬、撕裂的年代。而它导致的另一后果是女权斗争的举步维艰。因为女性群体遭到了割裂，从此利益分歧愈演愈烈。

フェミニズムがひらいた道

第 5 章

第三次女性主义浪潮的余震

少女文化的骚乱

历史进入 20 世纪 90 年代以后，美国兴起了第三次女性主义浪潮。如同第一次、第二次那样，第三次浪潮也是落幕之后方才获得"追认"的。

第三次女性主义从 90 年代的大众潮流文化中脱颖而出，以"少女文化"[1]的面貌登上了历史舞台。在音乐、影视、时尚、ZINE[2]等广泛的文化领域中，

---

1 少女文化：日文为ガーリー·カルチャー，即 girly culture，是个自造的日式英语词汇。指称自 20 世纪 90 年代初期爆发的一股以年轻女性为主体的大众文化潮流。她们在乐队、电影、时尚等各领域皆有突出表现，大胆追求自我实现，挑战传统价值，不讳于宣示自身的欲望，认为"女性主义太阴暗了，我想用更 Pop（通俗流行）的方式表达自己"。

2 ZINE：原意为手绘的小册子，由英文词"杂志"（Magazine）的词根衍生而来，指小众圈层内部流通的独立印刷品。

一群群年轻女孩以耀眼的表现开始崭露锋芒。她们亮出了自己的态度："我们不乖又叛逆，对政治正确不感兴趣，但我们是女性主义者。"

我猜在此之前，女性主义者给人的印象往往是"一帮三句话不离政治正确的阿姨"，注重节约能源，奉行环保主义，每日素面朝天，从来不穿胸罩，同时具有敏感的政治意识——传统女性主义者在大众心目中定格成这样一副不苟言笑的刻板印象，但与此同时，万千名自由生长、尽情舒展个性的少女却开始崭露头角。于是，这段时期诞生了一个新名词，叫作"后女性主义"（Post-Feminism，亦称后现代女性主义）。她们的立场是，"传统的女性主义早就不合时宜了，因为我们已经足够解放了"。

20世纪90年代前半期，美国掀起了信息革命，即人类第三次科技革命。第一次发生在轻工业领域，第二次在化学重工业领域，第三次是在信息产业，如今则迎来了第四次，即人工智能（AI）的革命。以信息服务为核心的软件经济越来越繁荣，某些女性主义者曾一度期待男女间的差异将随之失去意义。可惜结果是，信息革命爆发后性别落差并未从此消失，反而以"编码重组"的方式换了种面貌继续存在。

20 世纪 80 年代，美国一直为贸易与财政的两大赤字（号称"双赤字"）所苦。克林顿上台后发表了搭建"信息高速公路"的构想，凭借投资信息基础设施建设乘上了时代的快车；然而泡沫经济时期一度志得意满的日本，来到 90 年代后，处境却发生了逆转。借力于这场信息革命，美国从此进入了一段经济上升期，同时全球化的浪潮也日益加速。

女性对自身欲望的解放

　　将视线落回当时的日本，从 20 世纪 90 年代起，日元开始大幅升值。我们这一辈人经历过一美元兑换三百六十日元的时代。令人难以置信的是，到了 1995 年，日元行情却一路看涨，到了一美元仅能兑换九日元的程度。

　　当时正好我人在纽约，以前教过的东大学生跑来找我玩，在我的住处落脚过四天三夜，理由是"本打算去北海道的，一比较发现去纽约更便宜，就临时改了主意"。在那个年代，日本的年轻人当真如此，随时可以来场说走就走的美国游，尤其是年轻女孩，最热衷海外旅行。可见外汇行情也会左右人与潮流的走向。

出于同样的原因，海外的文化信息也更容易输入日本，普罗大众接触外来事物变得越来越轻松随意。由此，日本盛行起一种以少女为主体的潮流文化。当时，各种少女乐队迅速走红，年轻女摄影家的存在也开始吸引大众眼球，女孩儿们不断拓展自己的地盘，在亚文化领域也开始大展拳脚。漫画市场因此规模升级，涌现出大量热爱耽美题材（即日式英语 Boy's Love，简称 BL）的漫画或是轻小说[1]的"腐女子"。不少女性创作者都在该领域内拥有巨大影响力，例如擅长改编原典、撰写同人故事的皆川美奈子，不仅开创了 BL 小说这一题材，也提携过多名新人，如中岛梓，以及写轻小说出身的中村兔，

---

1 轻小说：诞生并盛行于日本的一种娱乐型小说，篇幅短小，平均字数为 5 万左右，以内容轻松、适于青少年阅读为特点，插画通常使用动漫风格，以便于携带的文库本形式出版。

等等。

这场热潮中，女孩们寻求的是自身欲望的随性释放。第一次女性主义争取妇女的合法选举权，第二次女性主义追求从社会性别角色的桎梏下解放，而第三次女性主义呈现的诉求，是个人欲望的松绑。

时代已经来到"后女性主义"阶段。女孩儿们的心声是：女人早八辈子解放了，当年那群老土大妈搞的什么什么运动也早就过时了，如今我们只想忠实于自己的欲望，无拘无束地活着。一场"为女性欲望正名"的文化运动由此而起，有人在事后给它命名为"第三次女性主义浪潮"。以上，便是当年这场潮流的来龙去脉。

女性经验是个体化的

女性主义浪潮，是信奉社会改良的行动主义者群策群力的狂欢。但它绝非如此简单。研究者们在划定时代分界线的时候，更为重视的是每次运动之中是否存在范式转移[1]。区分第一次与第二次女性主义的范式转移十分明确，它们将性别问题置于公众视野的前景，拓展了这一概念的政治意涵，也掀翻了原有问题结构里的"版图"与"地盘"。那么第三次又如何呢？

---

1 范式转移（Paradigm Shift）：是由美国著名科学哲学家托马斯·库恩提出的概念。指一个领域里出现了新的学术成果，打破了原有的假设或法则，从而迫使人们对本学科的诸多基础理论做出根本性的修正。例如，"地圆说"取代"地平说"之后，人类对地球上发生的各种现象全部需要重新理解。

首先，在女性主义理论上，第三次的范式转移是将第二次女性主义所提倡的口号"姐妹情谊跨越全球"一脚踢飞，主张"所谓的'女性集体的身份认同'并没有什么根据"。换句话说，每位女性的生命体验都是"个体化的"，彼此之间不存在本质性的共通之处。性别并非与生俱来，而是后天形成的——这样的结构主义性别理论逐渐普及起来。

将"女性间的情谊纽带足以超越国界"这种天真的口号一脚踢开的，正是美国的女性主义理论家朱迪斯·巴特勒[1]。巴特勒的观点席卷了全球，使女性个体间的多样性被视作问题，提上了讨论的桌面。从结构主义的立场审视，"姐妹情谊跨越全球"是性别本质主义的一种体现，因而遭到了批判。不过，日后再来回顾当年这场观点之争就会意识到，"女性集体的身份认同"之所以成立，理由并非基

1　朱迪斯·巴特勒：参照书末附录"女性主义群英谱"。

于"每个女人都有子宫"。"女人"这一集体身份是透过话语而非生理属性建构的产物，是在个体完成性别自我指认的基础上方才生成的。再啰唆一遍，为了跨越阶级、人种、职业、社会身份制造的沟壑，必须先对虚构的"女人"这一集体范畴产生心理认同。因为，女性个体与个体之间存在差异，原本就是不言自明的前提。唯有去超越这些差异，建构"女人"这一集体的身份认同，方能显现出意义。

在这股"女人其实也形形色色"的思潮影响下，涌现出许多敢于"出柜"、站出来承认"我是少数派"的女性。所谓"少数派"，可以是基于人种、民族、文化、性取向、身体障碍等任何意义而言的。当今社会里，LGBTQAX（性少数群体）[1]之所

---

1 LGBTQAX：这串字母分别是 Lesbian（女同性恋）、Gay（男同性恋）、Bisexual（双性恋）、Transgender（跨性别者）、Queer（酷儿）、Asexuality（无性恋）、X-Gender（对自身的性别归属感到迷惑，认为不属于任何一类的中性人）的简称。

以纷纷登场，也离不开这一时期打下的观念基础。

另外，该时期还诞生了一种名为"酷儿理论"[1]的文化潮流。它主张，个体应当拒绝被男性、女性、男同性恋、女同性恋等一切集体身份分类和绑定。"出柜"这一举动同时也意味着被某种集体身份所收编，但酷儿派的立场是从根本上拒绝这样的归类。

从理论层面来看，第三次女性主义的范式转移正体现在以上若干方面。那么从运动层面考察，情况又如何呢？女性主义作为一种席卷全球的文化潮流被广泛知晓，正是由于其中蕴含着联动性。比如第二次女性主义浪潮中，日本国内应运而生的诸多

---

1 酷儿理论（Queer theory）：是 20 世纪 90 年代初在西方形成的文化理论，原本是主流文化对同性恋的贬称，有"怪异"之意，后被性激进派借用来概括自己的理论，含有反讽之意。它批判性地研究生理的性别决定系统、社会的性别角色与性取向，认为性别认同与性取向并非来自天然，而是通过社会与文化的影响后天形成的。

女性运动团体间，也真实存在着千丝万缕彼此联结、交互的关系网络。即使个体维度不存在人际纽带，各团体也会因为海外思潮的涌入——比如获知"此刻西方女性正在掀起一场革命"——而互相产生观念上的联结与影响。

正是由于存在这样的联动性，女性主义才会一再掀起全球性的狂澜。但话说回来，若问第三次女性主义的狂澜是否曾登陆过 20 世纪 90 年代的日本，我却不敢下出肯定的结论。也正是基于这一点，在"能否将第三次女性主义与之前历次相提并论"这个问题上，我仍抱有几分保留态度。

事后对第三次女性主义的觉察

不过最近，关于这一点却有当事者给出了精彩的分享，是来自摄影家长岛有里枝[1]的作品。长岛的表现风格属于 20 世纪 90 年代初期一众男评论家口中笼统定义的"女子写真"，当时有一批因拍摄该类型作品而走红的女性摄影家，长岛也属于其中一员。

最近她回顾早年的创作，特意写了一本书来反思、剖析自己当时的作品究竟是何性质，名叫《从"我们"的女子写真，到"我们"的女性写真》（大

1　长岛有里枝：参照书末附录"女性主义群英谱"。

福书林，2020年版）。该书是由长岛以社会生身份进入武藏大学，就读女性主义课程后提交的硕士论文整理而成。她在书中对当年那帮老学究批评家进行了愤怒的反击。

以令人惊愕至失语的简单粗暴，将一众女性摄影家的作品笼统判定为"几乎完全同质化的某种风格"，用一言蔽之的武断方式，将女性艺术家们绑缚在一套既定的性别范式中，压抑她们的表达，直至今日。

——《从"我们"的女子写真，
到"我们"的女性写真》

书里提到的"女子写真"（Girly Photo）这一风格类型的摄影作品，实际上便是由长岛口中这群男评论家划定的。为了反对这种生硬的归类，长岛指出：

当年的作品对自己这名"时代当事人"来说，只是遥遥响应美国第三次女性主义浪潮的一些亲身实践。

这本书的内容十分有趣，我不仅为它撰写了书评，还在文艺刊物上与作者长岛进行了一番对谈。我问她："当年与你相同世代，并从事过同类型文化活动的女性，彼此之间有没有个人层面的交往或人际网络？"她答道："完全没有，甚至因此还被大叔评论家们说，你们这帮女孩儿搞的都是同一套东西。"据说，为了反驳大叔们的偏见，她们彼此之间曾故意不做任何交往。

本书出版一年后，2021年10月至2022年3月，由长岛本人亲自策划并选品，在金泽的21世纪美术馆举办了一场摄影展，名为"如何对抗一场拘谨的谈话：在第三次女性主义的视点下"。长岛邀请了与自己同世代的九名女性艺术家，将她们连同自己所代表的同时代的艺术风格通过女性主义的视点进行了再诠释。

我也去参观了这场展览。经由作品的展示，长岛总结道："事后再去回顾当年，会察觉我们这一代女性的艺术表现恰恰是号称'第三次女性主义'的文化浪潮的一环。并且，我们在浑然不觉中一起缔造了这场运动。""浑然不觉"这个词十分关键。从长岛的立场来看，大概是希望对历史完成一次"再定义"吧。当时，她们这批女艺术家之间没有任何私人的切磋或联系，而是各自分头行动的。但时过境迁回头再看，才发现原来"浑然不觉中"大家居然做着相同的事。

看似大家各自为计、各行其是，处于单飞状态，但所有独立的行动依然汇集成了第三次女性主义浪潮。举办这样一次总结性的回顾展，对作为当事者的长岛来说具有真真切切、不可或缺的意义。这一点显而易见。

新自由主义导致的分裂

20 世纪 90 年代对日本来说是个至暗时代。1991 年，发生了几件历史性的大事件。第一，是泡沫经济的破灭。第二，是"二战""从军慰安妇"问题的曝光。同年，苏联解体，冷战终结，使得全球政治秩序进入美国一手遮天的局面。此外，全球化的浪潮也加速了各国间人员的流动。

在泡沫经济破灭的当时，多数日本国人乐观地相信，经济必然会复苏，重回鼎盛状态。然而，事实却不遂人意。经济萧条的最低潮时期，与团块次

世代 [1] 成年后步入社会的节点恰好重合，日本由此迎来了一段"就业冰河期"，这便是所谓"失落的一代"的源起。

我猜，当时的父母对儿女的职业发展普遍抱有一种乐观态度：孩子年轻的时候就算干些自由职业，等过了三十岁，也会被企业正式雇用和收编。可惜他们的期望落了空。经济形势的低迷要比日本国人预估的更为长久，年轻人一旦以非正规雇用的形式进入劳动市场，便会绑定在"非正规"的身份上，从此再也逃脱无门。

非正规雇用，原本属于那些有丈夫作为顶梁柱

---

1 团块次世代：指日本出生于 1971—1974 年的人口，也被称为"婴儿潮次世代"。该类人群的特点是：大多出生、成长于都市环境里，在初高中阶段恰好赶上泡沫经济的繁盛期，大学升学率空前高涨，接受填鸭式应试教育，竞争格外激烈，然而在泡沫经济破灭期又恰好遭遇"就业难"问题，导致大量失业，因此亦称"就业冰河期世代"。

支撑家计的中高龄已婚妇女，为了贴补家用而选择的劳动方式。后来，越来越多的未婚男女、离婚后回归独身的单亲妈妈等不得不独立赚钱养家的人开始加入非正规雇用者的行列。

就业方面的规则与制约逐步放宽与非正规雇用的规模扩大，实质是在经济低迷中苟延残喘的企业经营者们为了压低人力成本所采取的手段。而正式雇员的数量早已在一次次裁员的过程中被削减至最低限度。为了保障对他们的雇用，后来转正的女性或年轻员工则成了被企业甩掉的"断臂"。

劳动市场的二元分化构造，将此类人一生钉在了非正规雇用的木桩之上，而这一切却打着"体制改良"的名号来推进，这便是新自由主义改革的真相。新自由主义插手于社会既得利益集团与非既得利益集团两者之间：首先，将既得利益集团割裂为"有用之人"与"无用之人"两个群体；继而，又将非既得利益集团也割裂为"有用之人"与"无用之人"两个群体。

在此过程中，置身综合性职位的女性则属于"非既得利益集团中的有用之人"。起初一部分女性主义者相信，新自由主义改革能够缩小性别落差，是"摆脱了传统父权制的资本主义雇用形式"，于是对它的到来拍手欢迎。谁知结局却是性别秩序被强制性重组再编，形成了一个在正规与非正规的雇用手段下被二元分化的劳动市场，正如今日大家所见。

另一方面，置身于"男性"这个既得利益集团之内，只要对不公保持沉默便能获得一定社会地位的这类人当中却出现了跌落出局的人，尤其是撞上就业冰河期的团块次世代人士，许多都属于此列。像这样面临从既得利益集团淘汰风险的这部分男性，针对那些原本属于非既得利益集团但在机遇光顾下获得了职业发展的女性发出了怨愤的指责。继而，这种情绪又发酵成了对女性主义潮流的强烈反弹。

反弹的发端

90 年代后期，男权人士扣响了弹压女性主义的扳机。所谓弹压，即压制、反制，类似在格斗中反剪对方手臂将其扭住之意。一种"反女权"的动态逐渐显现。

其发端是在 1997 年。这一年，"新历史教科书编纂会"开始起步。该协会瞄准的目标是"从军慰安妇"问题。所谓"慰安妇"，是指第二次世界大战中被日本军队强迫充当泄欲对象的那些女性。其中，尤以出身于日本旧殖民地的女性居多。在我看来，"慰安妇"问题的曝光精准刺中了日本这个男权社会的阿喀琉斯之踵。在侵略战争中，日军犯下了无可辩驳的滔天罪行。而如今，这些可耻的过往被一气披露在光天化日之下。

"慰安妇"问题浮出水面的时代背景是 20 世纪 90 年代，伴随冷战终结而出现的全球化趋势。国际秩序一改往日面貌，韩国在民主主义革命成功之后，国力得到了飞跃性的提升。昔日大韩帝国当局曾与日本缔结了割让朝鲜半岛主权的《日韩合并条约》，朝韩两国一直对条约表示强烈谴责并要求日本道歉和赔偿。

直到 1991 年，作为原"从军慰安妇"的韩国受害女性才首次对日本政府提起了诉讼。记得当我听到新闻报道的一刻，胸口仿佛挨了记闷拳，受到了强烈的震撼。

"慰安妇"问题带来的巨大冲击，体现在三个方面：第一，是"慰安妇"这一体验本身的残酷与惨烈。当时这些女性在军队的囚禁下，被当作日军士兵的泄欲机器，每日要遭到几十人轮流强暴。第二，这些暴行非但没有偷偷摸摸、遮遮掩掩，反而明目张胆地呈现在大众视听当中。尽管如此，受害者依然长达近半个世纪都处于缄口状态。第三，对待这几位打破沉默、站出来控诉战争暴行的女性，许多人一再污蔑她们，否认其指控的真实性。

尤其，日本军方在该暴行中扮演的角色成了公众争议的焦点。日本政府甚至主张，"那些都是性从业者所为，与军方没有关系"。由此引发韩国抗议，使得联合国也参与进来，升级成了国际问题。日本与其他亚洲诸国之间的关系，在此之后也一直拖曳着沉重的长尾，后续影响至今仍未消除。

国民基金的导火索

　　对待"慰安妇"问题，时任日本内阁长官河野洋平在 1993 年 8 月 4 日发表了著名的"河野谈话"，承认了日本军方在其中负有不可推卸的责任。之后，配合 1995 年召开的北京世界妇女大会，日本政府在该年 7 月 19 日设立了一项"亚洲妇女基金"，款项由国民募捐和政府拨款构成，共计十亿日元，用于对原"二战""慰安妇"的赔偿事宜。然而该基金并非国家赔偿性质，而是披着民间善款的外衣，由政府出资的欲盖弥彰的解决方案。

　　声援"慰安妇"受害者的日本国内诸团体，由于国民基金这根导火索，而被迫表态站队，分裂成了意见相左的两个阵营。话虽如此，反对该基金的人终究是占据压倒性优势的多数派。反对派批判这套挂羊头卖狗肉的解决方案，根本不能算作真正的谢罪，而是企图蒙混过关的低劣伎俩。

国民基金究竟是功是过？我个人属于反对派。不过，当我目睹了各位担任国民基金理事的专家为了之后的赔偿事业尽心竭力，却依然饱尝反对派的指责，心里难免不是滋味。和田春树与大沼保昭等几位先生在处理日本战后的赔偿善后问题时可谓鞠躬尽瘁，这些人本该被称作"战后日本的良心"。当然，有良心的人也未必次次总能做对事。不过，在当时的日本，他们只是选择了一条在他们看来所能选择的、最为妥善的解决路径。然而，年事已高的他们本应安享的晚年生活，却因为国民基金的争议，变得荆棘丛生。每每想到这点，我就胸口发堵。

在韩国，由于近半数受害者都拒绝受领国民基金，而以失败告终。但在荷兰及其他亚洲诸国，国民基金却收获了一定的成果，功绩之一便是迫使日本过往几任总理大臣联名签署了谢罪书。

在"慰安妇"问题上，日本女性权益相关团体的最大斗争成果便是在2000年召开了"女性国际战犯法庭"，对不久之后的国际女性权益相关活动也产生了巨大的影响。

该法庭属于"民众法庭"[1]，针对"慰安妇"问题对日本政府展开战争追责，由国际女性主义法学家出任法官，在东京的九段会馆举办，为期五天。这场审判终于对日本军方在"二战"中的恶

1　民众法庭：原本是古希腊城邦雅典的民主政制的其中一个司法机构，法庭的职责是接受公民就执政官的判决所进行的上诉。如今，则是针对国际法上存在问题的行为，由 NGO（非政府组织，Non-Governmental Organizations）机构或有识市民自主发起的模拟法庭。

行做出了历史性的裁决，即对日本裕仁天皇宣判有罪。原本在东京审判中逃脱了罪责的天皇，终于在这场由女性发起和主持的审判中被下达了有罪判决。

然而，日本媒体却未对本次事件进行任何报道。NHK 教育电视台（现今的 ETV）虽以本次庭审为主题，制作了一档名为《ETV2001》的节目，不料在播出前夕被高层插手干预，最终修改了节目内容。而此次 NHK 节目篡改事件，日后也成了女性法庭的追究对象。

女性国际战犯法庭的核心人物是女性主义活动家松井耶依[1]。2005 年，相关团体以她逝世后留下的遗产为基金，创立了一间"女性战争与和平资料馆"（Women's Active Museum on War and Peace，简

1　松井耶依：参照书末附录"女性主义群英谱"。

称 WAM）。随后，曾对 ETV 节目篡改事件提起公诉的原告人之一，原 NHK 电视台节目编导池田惠理子出任了该资料馆的馆长。

战时性暴力也是一种战争罪行

　　"慰安妇"问题的引爆，使得战时性暴力作为一种战争犯罪，成了公众关注的焦点。20世纪90年代，世界相继爆发了波黑战争与卢旺达内战，而在其过程中也使用了有组织、有意图的性暴力手段。值此关头，在联合国的出面干预下，关于战时性暴力的定义发生了范式转移。在我看来，这是国际女性组织在这场抗争中最大的功绩。

　　那么，究竟是怎样的范式转移呢？在此之前，战时性暴力一直被视作前线士兵的偶发性失常行为。之后，公众的认知才逐步转变，意识到它是受到官方或上级默许的，某些时候甚至是有组织实施的一种罪行。

那么，作为战争武器的性暴力，究竟在打击敌军方面具有哪些效果呢？第一，它对敌方的"男性尊严"或"男子气概"构成了羞辱：比起自身的性命遭受危害，自己应当负有保护责任的本族妇女被敌军掳走，才是对全体士兵"男性尊严"的重创。第二，遭受敌军蹂躏的女性成了"已被玷污的女人"，从而失去了返回共同体的资格。换言之，该行为是对国家或民族共同体的一种破坏。而"无法回头"也正是"二战""慰安妇"的共同命运。她们之中有不少人曾因无法返回故乡，而留在了战时的当地。

上述的范式转移日后亦影响了诺贝尔奖的评选。例如，刚果妇科医生丹尼斯·穆克维格[1]，致力

---

1 丹尼斯·穆克维格（Denis Mukwege，1955— ）：刚果民主共和国妇产科医生，创立并服务于刚果布卡武的畔兹医院，致力于治疗被叛军轮奸的妇女，共救助了数千名强奸受害者，因此成为2018年诺贝尔和平奖得主。

于根除针对妇女的战时性暴力；伊拉克人权活动家娜迪亚·穆拉德[1]，一次次遭受凌辱，也不断站出来揭露和痛诉本国性暴力的实情。二人都因此于2018年获得了诺贝尔和平奖。如此一来，国际社会关于该定义的认知也随之而转变，"战时性暴力也是战争罪行"成了一种新的共识。"士兵在情绪冲动的当下无法控制自身的行为"属于不折不扣的狡辩，也是男权社会建构的神话。

1　娜迪亚·穆拉德（Nadia Murad，1993—　）：伊拉克北部辛贾尔的雅兹迪人权活动人士，联合国毒品犯罪问题办公室人口贩运幸存者尊严亲善大使，2018年诺贝尔和平奖得主。2014年，娜迪亚全家遭遇恐怖组织 ISIS 屠村，妈妈与五个哥哥被杀，两个哥哥逃走，娜迪亚本人也被卖作性奴隶，遭受了惨无人道的强暴与虐待。娜迪亚不断抗争，一次次逃亡，最终从家乡逃离，进入难民营，加入了国际人权组织。

针对"男女共同参画[1]"的反弹

与此同时，在政府及地方自治体层面，也展开了针对"男女共同参画"政策的激烈反弹。所谓"男女共同参画"，是 20 世纪 90 年代诞生的行政术语。

"男女共同参画"既非我们日常生活中的惯用语，也不是国际通行的标准用语，它的正式英译为"Gender Equality"，逐字直译过来的话，就是"男女平权"或"男女平等"。那么，日本为何非要多此一举，发明个新词出来呢？据说是执政党那帮身

---

1 日文"参画"即参与。

居高位的官老爷看不顺眼"男女平等"这种表达。如果换成"共同参画",则可以解释为:要求男女两性分别依照各自所属的性别角色与性别规范去参与社会活动。

就这样,官僚们在盘算之下,凭空造出一个行政术语,并于1999年,出台了以此为名的《男女共同参画社会基本法》。法案一经颁布,社会上便如井喷之势爆出各种反对的声浪。例如,2007年,政治运动团体"共建美丽日本协会",便打出了修改及废除《男女共同参画社会基本法》的宗旨。

在东京都内,自1999年以后,也卷起了一波反弹之势。都内的各女性财团被勒令解散,性别议题相关的演讲也屡遭阻挠和突然叫停。2005年,由国分寺市策划、东京都联合承办的人权讲座在石原政府的插手干涉下被迫中止,理由是"讲师发表不当言论"。而被冠以"不当言论"罪名的讲师，正是我本人上野千鹤子。女权活动家松井耶依、辛淑玉的演讲也在右翼人士的干扰下迫不得已中断。

地方城市情况亦然，同样的事件再三上演。2006年，福井县的县立公共资料馆等集中下架了一百五十三种相关性别议题的藏书，性质无异于"焚书坑儒"。据说，起因是县政府负责推进"男女共同参画"项目的男性官员提出了投诉："将如此危险有害的读物公然开架陈列，到底是什么居心？"遭到下架的图书中，有十七册都是我的作品。总之此类事件层出不穷，每有状况发生，我与伙伴们都会发起抗议活动，为维权而东奔西走。

随后，针对个人的攻击事件也频频发生。当时曾有两名女性被他们痛骂为"破坏日本传统文化的甲级战犯"，其中一人是负责制定《男女共同参画社会基本法》的骨干人物大泽真理，另一个便是我。我们不仅收到了对方寄来的恐吓信，大泽女士甚至接到了枪杀预警。当时，遭遇着种种攻击，时刻伴随着生命危险，真可谓女性主义的"凛冬时代"。政治家福岛瑞穗称呼我们是"疯狂反扑下的幸存者"。

2008 年，大阪府知事打出了公开拍卖大阪府男女共同参画中心（Dawn Center）的施政方针。在当时抗议团体核心成员的基础上又诞生了一个新组织，那便是此刻由我担任第三届理事长的政府认定 NPO 法人"女性行动网"（WAN）。当年，右翼势力在互联网界占据压倒性的技术优势，倘若我们不放手开辟新地盘，是难以与之抗衡的。被逼至死角的我们不得已之下，方才创立了"女性行动网"。这便是"女性行动网"的悲伤来历。

女性成了势均力敌的竞争对手

　　为何对女性主义的反弹之势如此汹涌呢？我个人认为，这种反动趋势是保守派人士对新自由主义感受到的危机意识所引发的应激行为。尤其是 20 世纪 90 年代的那十年，大概给了他们清晰的答案：日本在国际秩序中的威信逐日滑坡，日韩间的力量关系也渐次反转，政府甚至开始考虑，到底该如何向韩国谢罪才好。

　　通过最近的右翼研究，我了解到一件事。每天在网上针对女性主义发表不堪入耳的谩骂或恶评的右翼网虫们，当初一直被认为来自男性中的"败犬组"，即低学历、无正当职业，或是非正规雇员等低经济收入的弱势人群。然而，据调查，他们当中的一部分人实际却是上市企业的中层管理者等学历还算不错的男性。由此可见，抱有强烈受害者意识的未必仅限于男性中的弱者。

这些人为何会投入到反对女性主义的阵营中去呢？大概在他们看来，从前身为弱势者的女性全部处在自己的下层，如今她们一旦爬了上来，便会威胁到自己的既得权利吧。比如，在地方议会等编制名额较少的地方，哪位女性若是当上了议员候选人，就会成为围绕席位与他们展开竞争的对手。仿佛女性在向他们发出警告："喂，把你的屁股从位子上挪开！"

仔细想来，女性主义过去虽也遭遇过狠狠的挖苦与嘲弄，却从未承受如此程度的疯狂攻击。女性的意见以往只会被嗤笑，"不过是些浅薄的妇人之见罢了"，随后便被默无声息地扼杀了。而男性集团反扑的激烈程度恰恰是女性主义力量的证明。我想，在他们眼里，女性早已成了不可轻慢的对手。

不过话说回来，这种认识往往也容易武断地将女性一概等同于"女强人"。事实上，女性主义自始至终关心的是作为社会弱势群体的女性的福祉。反而是精英女性里流行着一种"我不靠任何人也活得下去""少拿我当不堪一击的弱女子看待"之类的强迫观念，被男性学研究者内田雅克称为"弱者嫌恶症"（Weakness Phobia）。尽管她们对女性主义避之不及，人们却总是倾向于把她们视为女性主义的"赢家范本"。顺便提一句，右翼的保守派女性通常也有弱者嫌恶情结。大概出于这个缘故吧，她们才会投向打压"慰安妇"的阵营，对受害女性口出恶言。

如上所述，21世纪头十年对日本的女性主义来说，是在逆风之中举步维艰的时期，同时也是一个收获季。在第一代女权先驱的培养下，第二代研究者也纷纷登场，中坚骨干的力量越来越坚实，研究领域也越发广泛。

2002年《岩波女性学事典》出版。这一《事典》的出版标志着女性学作为一门学科步入了成熟期，有必要对所涉及的概念制定一个通用的理解，该书便应运而生。

2011年，《新编：日本的女性主义》全十二卷精选集宣告编纂完成。所谓精选集，就是从过往发表在公共刊物上的各类文章中，撷选出未来具有研究与收藏价值的言说及观点，将它们重新辑录成册。这意味着女性主义的成果积累逐日丰厚，到了可以编撰"财产目录"的程度。女性学终于迎来了它的收获季。

从女性学到性别研究

在本章的最后一节，我来谈谈迄今为止在学术界，大家的关注方向是如何从女性学一步步转换为性别研究的。

20世纪80年代后半期至90年代，女性学的世界开始有了新动向。正如第四章所见，女性学被定义为一门关于女性的、由女性从事的、为女性所享的学问。于是引来了一片质疑：难道就没有以男性为对象的研究吗？在这样的呼声下，男性学遂登上了学术舞台。

从这一阶段起，女性学开始逐渐普适化，从原本以女性为单一对象的孤立领域的研究，转变为一门以"性别"（Gender）为研究对象的学科。通常而言，"Sex"代表生物学层面的性差异，与之对照，"Gender"则表示社会、文化等层面的性差异（因此许多时候也被译为"社会性别"）。历史学家琼·瓦拉赫·斯科特[1]对"性别"一词给出了最简洁明了的定义，称其为：给身体差异赋予了种种意义的、社会文化认知的综合物。

所谓"性别"，并非"男"与"女"两个简单要素，而是用以区隔这两者、赋予其差异性的一系列非对称的社会文化实践。斯科特为大家厘清了一种认知：性别，是表达权力关系的用语。伴随着"性别"这一概念的确立，女性学与男性学这两门学科皆被整合在了"性别研究"的麾下。

---

1 琼·瓦拉赫·斯科特（Joan Wallach Scott, 1941— ）：美国历史学家，普林斯顿高等研究院教授，在性别史领域有着卓越贡献。著有《社会性别：一个有用的历史分析范畴》，被誉为"期刊历史上受到最广泛阅读和引用的论文之一"，是英美历史学界性别史研究的开端。

所谓性别研究，当女性在场的时候，它研究女性；当女性不在场时，则研究女性为何不在场。例如，在军队这个培养训练"男子气概"的学校里，一个仅限男性成员参与的共同体是如何形成以及再生产的？又以什么样的理由，将谁排除在外？这些都是它可以研究的课题。

可以说，在以"人"为单位构成的任何集团中，不存在与性别毫不相关的集团，同理，也不存在性别研究所无法涉及的领域。如今，性别作为一个跨任意学科、任意领域的有效分析范畴，早已成为在国际范围内普遍确立的学术概念。随着性别研究日趋成熟，2015 年，我在《差异的政治学：新版》（岩波现代文库）中如此写道：现如今，不妨这么说，不存在单纯依靠性别理论便足以解决的问题；反之，同样不存在撇开性别理论亦可解决的问题。

男性学的成果

那么，从女性学的路径中诞生的男性学，究竟是一门怎样的学科呢？法国作家波伏娃有句名言："女人并非天生的，而是后天形成的。"同理，如果说"男人并非天生的，而是后天形成的"，也一样成立。正如"女性气质""女人味"属于一种社会文化的建构，"男子气概""爷们儿气"也不例外。

男性学本身也存在各种各样的面相。有些男性经历了女性学的研究后，会对映照在"女性"这面镜子中的男性形象进行自我省思。同时，也有反其道而行，以索回男性原有的权利为目标的研究者，可谓形形色色。

日本最近冒出了不少有趣的男性当事者研究，例如森冈正博探讨男性对性的意识的《无感的男人》（2005 年），清田隆之《再见吧，纯爷们儿》（2020 年），西井开《从"没有女人缘"起步的男性学》（2021 年）等。或许是男人们破天荒头一次，能够这么大大方方地坦白剖析自身吧。

而我在提及自身的专业领域时，对女性学也一次不落地自报家门为"女性学·性别研究"。只是为了使大家不要忘记，性别研究原本就脱胎于女性学。

话虽如此，性别研究毕竟是一门适用于任何领域的综合学科，不只女性，我由衷地希望也能有更多男性参与进来。届时，正如女性学对女性而言本质是一种当事者研究，但愿男性们也能开辟出属于自身的当事者研究，既不抢夺女性们勤勤恳恳构筑起来的研究成果，也不必愤慨"女性学怎可把男人拒之门外"。希望他们身为当事者好好探索一下，对男人来说"性别"二字究竟意味着什么，包含了什么，代表些什么。毕竟所谓的"男子气概"是一道谜题，而解开这个谜题则是男性自己的任务。最近，我感到他们终于拿出了对得起当初那句诘问的研究成果。

第 6 章

第四次女性主义浪潮，何去何从？

"#MeToo" 运动的潮涌

好的，本章就来谈一谈第四次女性主义浪潮。关于第四次女性主义浪潮的定义，同样存在意见分歧，即在当下这个节点，是否足以称其为"浪潮"。不过，正如我们在前文中了解到的，假如定义女性主义浪潮的一项前提必须是"全球多国多地同步爆发"，那么发生于 2017 年的"#MeToo"运动恰恰正是一场波及全球的浪潮。

性暴力原本是一种最为隐蔽的犯罪，同时，也是受害者难以凭真名实姓出面举报，而始终被当作不曾发生的犯罪。但在"#MeToo"的影响下，这些罪行终于因受害者的主动揭发而相继浮出了水面。

并且，通过受害者群体对过往经历的追溯，以及对当时体验的再定义，大家终于认识到：过去视为"性玩笑""恶作剧"或"打情骂俏"的行为，其实无不属于"性暴力"。引发这种变化的背景，正是前面一章提到的，国际女权活动揭露性暴力的巨大声势。

从本章开始，讨论的话题多半是发生在不远的过去或以现在进行时上演的事，因此想必大家早有耳闻。如今，性骚扰、家庭暴力[1]已被广义地定性为性暴力。家暴之中往往也伴随着性相关的强迫行为。如果说"性相关"三字容易遭到狭义的理解，那么以"基于性别的暴力行为"，或者更简单的"性别暴力"来称呼也没问题。因为这种情况下，关注的重点在于结构性暴力。

性骚扰与家暴的加害者几乎清一色是男性，而

---

1 家庭暴力：即 Domestic Violence，DV。

受害者则大多为女性。说到这里，马上会有人反驳：不管性骚扰还是家暴，受害者中也会有男性，而女性同样有可能成为加害者。首先，我们暂且按下事实不做讨论。

以往对性骚扰与家暴的解释是：男性在冲动情绪之下，由于失去自控能力而做出的举动。但从实际案例积累的研究结果来看，加害者往往谋虑周详且动机极为卑劣，通常会选择一些无法拒绝的环境和不敢拒绝的对象来下手。这种情况便称为"结构性暴力"。公众总喜欢责备受害者："当时你干吗不反抗？"但其实在结构性的暴力下，想要排除受害者的反抗十分轻而易举。于是在这个问题上，性暴力的概念获得了修正，变得比之前更为广义了。

后结构主义的权力理论，将权力定义为"对状况的解释权"。在各种性骚扰案例中，加害者对状况的解释"当时我们属于两相情愿"，和受害方对状况的解释"当时是他强迫我的",两者呈现截然相反的状态。众所周知,施害者与受害者之间一向存在严重的认知落差。

例如,在某起由秋田法院审理的性骚扰案件中,法官比较了原告与被告双方的供词后,判定身为加害者的被告"供述更为真实可信"。过去大部分判例皆是如此,将加害方的"状况解释权"放在优先采信的地位。大概法官身为男性,更倾向于与男性的说辞产生共鸣吧。

此外,另一起由横滨法院负责审理的性骚扰案中,法官以受害者在遭遇性骚扰后立刻去吃了午饭为由,一度并不认可其受害的事实。此时,辩护律师团拿出了专家出具的意见书,为在场的法官与检察官进行了一次心理学启蒙:心理学家通过大量的实际观察得知,在遭受重大的心理创伤时,受害者为了启动自我保护机制,会出现试图回归日常事务的行为倾向，这属于一种创伤后应激障碍，简称PTSD。女性主义者们正是如此，在警方、检察院、法院等一系列司法流程中，与各种层面的性别偏见不懈斗争至今。

在日本，当全球性的"#MeToo"运动爆发前夕，媒体人伊藤诗织出版了《黑箱》[1]一书，将自身遭遇性侵的经历公之于众。我认为这起事件给社会造成的冲击可谓影响深远。以往，性犯罪一直是种"看不见的罪行"，受害者要么隐姓埋名，要么遭受严重的污名与丑化，而伊藤诗织却坦然将自己的容貌与姓名呈现在公众面前。当后世的史学家陈述这段过往，提到"日本本土爆发的第四次女性主义，显著降低了对一切性暴力的容许度"时，必定会把伊藤女士作为卓越贡献者而列在最前面吧。

1　文艺春秋社，2017年版，中译本于2019年推出。

线上行动派的扩大

　　随着对性暴力的声讨持续发酵，标签运动[1]在互联网平台上的声势也不断扩大。"#MeToo""#With You""#WeToo""#TimesUp"（意为"是时候结束这一切了"）等，形形色色加了"#"前缀的抗议、声援活动此起彼伏。日本与其他诸国相比，信息化的进程略为滞后，到了 2005 年前后，网络条件的整备才趋于完善，X（原 Twitter）之类的网络社交

1　标签运动（Hashtag Activism）：是指在 X 等网络社交平台上流行的，使用 # 符号来标记话题或讨论主题的网民活动。在社交媒体上使用主题标签，为用户提供了共享社会问题信息与观点的机会，其他人亦可在更大的对话范围内进行交互。因此，标签运动已成为社交媒体促进公民参与社会运动的众多方式之一。

平台才得以广泛普及，对线上行动派的壮大发挥了强力的推进作用。

其中为这股热潮助力匪浅的，也有"#KuToo"[1]运动的发起人石川优美。面对职场的着装规定，她带领伙伴们发出了抗议之声："公司仅仅针对女员工提出严格的着装要求，强制大家穿高跟鞋上班，这样的做法太过荒谬！"在她们的声讨下，一些企业取消或放松了对高跟鞋的硬性规定，运动取得了不错的成效。就这样，原本籍籍无名的女性忽然之间跃升为一场运动的核心领袖，在极短的时间内赢得了大量的共鸣与声援，且在斗争的现场即刻引起了具体可见的变化。最终，这些抗争全部化成了线

---

1 "#KuToo"运动："Ku"是对日语中"鞋子"（靴，Kutsu）一词的简称。这场运动是由职场上一名普通职业女性石川优美率先在社交平台发起的，呼吁企业或公司取消针对女性的着装要求，尤其是"上班必须穿高跟鞋"的硬性规定。运动一上线便迅速收获了大量支持者与赞同意见，在日本社会激起了广泛反响。

上行动派的成功经验。

与此同时，整个社会对性暴力的容忍度也显著降低。实例之一，便是 2019 年冈崎法院针对一桩性侵案做出的判决。一名经年累月对亲生女儿实施性虐待的父亲居然得到了法院的无罪判决。令人难以置信的是，这项无罪判决是在被告对一切罪行供认不讳的情况下产生的。受害人自十三岁起持续不断遭到生父的性虐待，直到十九岁方才提起告诉，而名古屋地方法院冈崎市分院的诸位法官大人居然以"无法断定受害人当时处于不能反抗的境地"为由，判定被告无罪！

在日本，强制猥亵罪的有罪判决标准设立得极为严格。除非受害人拿出"当时难以做出抵抗"的证明，否则受害事实便无法获得认定。该案的判决结果招致了公众的广泛争议：问题究竟出在法官的裁量，还是刑法本身便存在漏洞，给受害人施予了过于沉重的举证责任呢？该案在二审时推翻了原有判决，最终以改判有罪而落锤定音，但事件本身却引发了民众的抗议，纷纷呼求删去刑法里有关"无法抵抗"的条款。

本次判决在女性群体中激起了极大的愤慨。以此为契机，也引爆了一场民众手持花朵，呼吁根除性暴力的"鲜花示威大游行"。这场活动迅速蔓延至全国，至今仍在持续。

性别议题成为政治争论的焦点

　　随着民众对性暴力的认知不断升级，整个社会对职场、家庭中的暴力行为，容忍度也大幅降低。由此触发的重大事件，便是 2020 年东京奥运会暨残奥会组委会主席森喜朗，因发表性别歧视言论闹出的请辞风波。在某次公共会议中，森喜朗失言称"有许多女性参加的会议太浪费时间"，因而招致公众的强烈谴责，最终他迫于舆论压力辞去了主席一职。

　　最开始，组委会一副不胜其烦的态度，仿佛在说"怎么又来了？""真头疼啊！"试图以森喜朗本人出面道歉的方式，将此事轻描淡写敷衍过去。

不料事态发展偏离了组委会预设的轨道，国内外各种抗议之声不断涌来，哪怕是位高权重、一度官及内阁总理大臣的森喜朗，也不得不在一片声讨之中引咎下台。森喜朗被迫学到了一个教训：昔日里那些"没什么了不起的小事"，放在今天却不能再"小事化了"了。我想，社会氛围已经一点一滴发生了转变。

这样的社会变化也带动政府对法律进行了具体而微的修正。例如，以完善性暴力的相关条款为目标，对刑法做出的更正；或者，为了"选择性地"导入夫妇别姓制度，而对民法典做出的修订等一系列举措。而各种"选择"之一，便是在 2021 年 10 月举办的众议院议员选举中，性别议题首度成为政治争论的焦点，这在日本政坛历史上还是第一回。

尤其，涉及选择性地实施夫妇别姓以及同性恋婚姻合法化的问题时，民众掀起了一场"摇椰子树大作战"，来迫使反对立法改革的候选人落选。具体来讲，就是大家齐心合力摇动椰子树，让果实从枝头掉落，以此比喻联手对付那些难搞的政治家，迫使其退场的"落选运动"。实际的选举结果最终并未受到公众左右，但在一项同期举办的围绕最高法院大法官进行的国民调查中可以看到，民众对过去曾判决"夫妇同姓制度符合宪法精神"的几位法官信任指数已有所下跌，显然是源于"摇椰子树大作战"的影响力。

社会正义不会轻而易举实现

若问"#MeToo"爆发以来，这一系列社会动向是否也像第一次、第二次女性主义那样从认知层面引起了范式转移，我不认为它有这样的成果。不过，社会大众对性别歧视的容忍度确实显著降低。再加上网络平台作为观点表达的工具而广泛普及，不仅参与行动的门槛随之下沉，运动的形态亦有所转变。同时，这些因素的齐备也对政治领域产生了实际的影响力。如果专指这些层面的变化，那么事后将"#MeToo"运动命名为第四次女性主义，大概也未尝不可。

目前的这股声浪将持续到何时，以及会发展成何种形态、何种性质，尚且无法预测。只是，改变在全球范围内都在随之发生，这是不争的事实。现在，商业主义也开始搭乘女性主义的这趟便车，甚至连高端时尚品牌克里斯汀·迪奥也制作了一批印有"我们都该是女性主义者"口号的 T 恤。

伴随着联合国十七项可持续发展目标[1]的推广，企业也从自身所应肩负的社会责任（Corporate Social Responsibility，简称 CSR）考量，推出了"多元共融"[2]的发展宗旨，逐渐开始注重提高女性管

1　联合国可持续发展目标（Sustainable Development Goals，简称 SDGs）：联合国于 2015 年颁布了 17 项可持续发展目标，提出了目前所面临的全球挑战，包括消除贫富差距、促进社会平权、减缓气候变迁与环境退化、实现和平正义等议题，旨在指引全球共同努力，迈向可持续社会。

2　多元共融（Diversity and Inclusion）：是近几年国外企业所提倡的一种新型职场文化。强调在职场上应当广纳不同背景的族群，尊重且保护每个人的差异性，例如种族、民族、年龄、性别、宗教、智力、性格、身体能力、心理健康、遗传属性、社会经济背景、性取向、性别认同等各个方面，以此提升个人独特性所能带来的价值，最终达到职场平权。

理职位的占比，以及对 LGBTQAX 等性少数人群的关照。

然而，这样的动向之中也含有潜藏的危险因素：距离实现"男女平等"尚且遥遥无期，便开始将概念偷换成更为宽泛的"多元共融"，使得原本存在的女性歧视变得更加隐蔽不可见；或者将"男女平等"误解为"对女性给予额外的特殊优待"，从而招来"这属于反向歧视"的非议。此外，也有不少人难掩忧虑，认为很快将爆发针对这一次女性主义文化的打压与围剿。

目前来看，本次女性主义浪潮中发言者们的诉求，与以往历次的运动主张并不存在较大的改变，或者不妨说，净是一些"正确的废话"。不过，正确的观点能被视作"废话"或"天经地义之事"而为公众普遍承认和接受，恰恰是最大的一个变化。

请诸位回忆一下第一章中对妇女解放运动时期

所做的介绍。妇女解放的呼声也曾被讥嘲为"丑女的歇斯底里",而当年的种种诉求,如今已成为"社会正义的一部分"被民众广泛认知,且拥有了强大的社会影响力。

更何况,如果说第四次女性主义也具有以往所不具有的新特征,那么大概正是"对多样性的关照",将人种、民族、国籍、身体障碍、性取向等因素均视为"可变参数"的少数派女性主义,开始现身于公众视野。话虽如此,其变化也是伴随着20世纪90年代所缔造的、"女人"这一集体身份认同的消解而陆陆续续发生的。我们不妨这样下结论:女性主义打造了一种"社会装置",使得社会弱势人群也能够拿过话筒,要求"让我来说"。

不过,或许应该说,期待女性主义能够消除一切歧视,并肩负起拯救所有少数派人群的责任,也属于过剩的幻想。因为,它恰恰来源于女性歧视的另一个侧面，即将女性视为"提供关怀与照顾的性别"。关于这一点，我稍后将会讲到。

无论是维护人权，抑或消除歧视，社会正义的实现绝非轻易即可看到改变，也不是谁来倡导几声就能立竿见影地显现成效的。尽管如此，我们还是应当超越时代与世代的更迭，让同一首歌被不同的声音反复传唱。如今，继承事业的新一代已然登场，"在线抗议声援"的新手段与路径也已形成，天时、地利、人和，一切正将女性主义的浪潮同时推向世界各国。若要实现社会正义，我认为：就趁现在。

在我看来，社会变革追求的目标并非"发自内心的改变"，只需"表面予以认同"即可。就算谁来问我：歧视会不会从世上彻底消失？我也只能回答：除非全世界所有人通通变成圣人，否则估计难以实现。我不认为，人性的卑劣、傲慢、贪欲会有消失的一天。

尽管如此，也会有白人青年为守护黑人的人权而高声疾呼："Black Lives Matter!"（意为：黑人的命也是命！），社会亦不再容忍或原谅对女性行使性暴力的行为。这些都是追求社会正义的重大改变。

至今我仍记得，有次在东京的地铁站里看到"痴汉[1]即犯罪"的宣传海报时，心头涌起的感动。当然，即便性骚扰行为如今已被认定属于犯罪，也不意味着"痴汉"就能被铲除干净。就好比杀人属于犯罪，但杀人的暴行并不会消失。但是，在"痴汉等同于犯罪"的观念得到承认的一刻，也相应产生了认知层面的范式转移，从前发生了也无所谓的事，如今发生了会"很有所谓"，这些都是女性主义带来的改变。

1　痴汉：即色狼、流氓，也指性骚扰等行为。

女性主义浪潮复兴的背景

　　时常有人问我：为什么现在女性主义的声势如此浩大？我总会举出"世代的更迭"这个理由作为答案之一。如今，线上行动派的主角是一批二十、三十来岁的年轻人，她们果真接受过女性主义的熏陶吗？

　　确实，熟练运用线上交流工具来发表主张的女孩们，常将"社会性别""父权制""无偿劳动"等女性主义专业语汇熟极而流地挂在嘴边。这些学术话语，今天已悉数变成了日文中的日常用语。从这个意义来讲，为她们提供知识武器与理论装备，或许正是我们这一辈先行者的功劳。

不过我认为，除去以上因素，没准儿人口学层面宏观趋势的影响才是更为重要的背景条件，这个趋势便是——少子化。此话怎讲？因为，她们是一群出身于独生女或二孩家庭，从小被父母悉心养育的女孩。在这一点上，韩国的状况也不例外。仅育有一女或一对姐妹的家庭，在少子化的发达国家里数量倍增。家中只有一个女孩，父母纵有重男轻女的思想，也无从在儿女的教育投资上做到倾斜分配。

如此一来，在少子化的大趋势中被悉心养育成人的女孩们，成长的过程中从不觉得自己必须为了什么而忍气吞声，她们理所当然地认为，面对不合理的差别待遇没必要逆来顺受，于是对形形色色的歧视现象容忍度极低。

昔日在日本，隐忍、温顺、恭谦被视作女性的美德，是"女人味"的体现。而今，随着世代的更迭，不再具有所谓"老式美德"的女性大量涌现。从历史的角度来看，我认为这是一种划时代的现象。培养出这些不爱忍耐的女孩的，是身为她们母亲的那一代女性，而这样的现象背后，想必也藏有年长一代的不甘、懊悔与遗憾吧。

在声讨森喜朗、迫使其请辞的线上行动派中，有一群女性亲手给自己冠上了"不懂事的女人"这一标签。此话来自森喜朗的歧视性发言"咱们组委会的女理事一点也不懂事"，反手为己所用，变成了生动有力的态度宣言。这群"不懂事的女人"里，曾有人这样表态："老实说，我也有太懂事的毛病。深刻反省。"闻之，我深表敬佩。

因为每位女性说出这话的同时，都会不由自主感到心中刺痛。毕竟，假若有森喜朗那样的人当着自己的面说了一番轻蔑无礼的话，多数女性恐怕不会选择回嘴，只会默默咽下委屈与愤怒，脸上勉强挤出笑容，随声附和，而当时的不甘、悲哀与遗憾，也许通通积郁在每一位女性的胸中吧。而迫使森喜朗辞职的抗议运动之所以会以猛烈的势头展开，依我所见，也是因为女性群体"我也有！我也有！"的共同体验实在太过深刻且太过普遍吧。

主流媒体千篇一律的发问

　　像这样，当线上活动与社交媒体在社会上掀起巨大反响之时，相比之下传统主流媒体的动作却十分滞后。

　　"#MeToo"运动爆发后，我曾接受过国内外记者的采访。那些媒体人仿佛被敲上了统一的印章，不断向我抛来千篇一律的问题。"'#MeToo'运动在国外已呈燎原之势，在日本却不见火种扩散，理由是什么呢？"问得我阵阵反胃。这些当记者的，眼睛到底是盯着哪里啊？迟迟不来采访的到底是谁？不予追踪报道的到底是谁？日本全国各地也爆发了无数"#MeToo"相关的示威集会与抗议活动，却从未见媒体问津。日后，我与某位任职于大型媒体的女性谈到该话题时，她这样回答："日本国内举办'#MeToo'的集会时我曾递交过采访提案，主编以没有报道价值为由把策划书毙掉了。"

不过近来，这类情况略微有了些改变。尤其令我惊讶的是，女性因经济贫困无力购买生理期用品，或是关注妇科保健的科技产品与服务（Female Technology[1]）等，以往被认为属于"女人的隐秘之事"、不应暴露于人前的禁忌话题，近来纷纷登上了公共媒体的版面。主流媒体的骨干队伍里也涌现了大批女性从业者。大概这一切都是她们带来的切实成效吧。不过，这些女性目前仍未占领拥有

1　Female Technology：即妇女健康科技，通常缩写为 Femtech。指与妇女健康相关的电子设备、软件，或其他技术、产品、服务，项目包括生育解决方案、经期跟踪应用程序、孕期护理、妇女的性健康与生殖系统保健等。

最终决策权的席位。

　　不知今后将会是何种局面呢？假如行业里获得提拔与晋升的清一色是"懂事的女人"，那么社会的改良基本无望。

将过去的积累与当今的世代联结起来

　　篇末，我将谈谈综合信息网站"女性行动网"所从事的一些活动。该网站我曾在第五章内有所提及，目前由我主持，宗旨是将所有女性伙伴紧密联合在一起。正如我在前文中提到的，"女性行动网"是由当年抗议大阪府取缔男女共同参画中心的团队核心成员组建而成的。

　　日本存在大量的女性团体，但大家在网络技术方面往往实力较弱，尽管拥有自身的官方网页，却拿不出余力积极向外输出观点、传递信息；此外，专攻的课题也各自独立，彼此之间缺乏横向的沟通与联系。

日本早期的互联网生态是，一群"反女权·厌女权"的打压派压倒性地占据了主流地位。用谷歌检索输入关键词"女性主义"，首先出现在网页最前端的甚至是"女权纳粹"。

如今早已不再是印刷媒体时代，无论横向或纵向，若要将女性们联系在一起，就必须进入网络的世界。目前，已经到了背水一战的时刻。在京都市创立了日本首家女性书店"Women's Bookstore 松香堂"的中西丰子，同时身为关西地区的互联网企业家，她率先提出了倡议：在出版业不景气的大环境下，书籍销量低迷不振，政府实施的行政改革也导致全国各地的女性活动中心纷纷削减了用于购买书刊的经费。在如此严苛的情况下，与其勉强维系实体书店的经营，不如尽力提高女性主义在网络世界的存在感与影响力，并积极对抗来自反对派的攻击与打压。中西女士的建议可谓远超时代的先见之明。打造网站的初期资金投入为五百万日元，并不算是个小数目。我捐出了自己的畅销作品《一个人的老后》[1]的版税收入。

在此之前，各女性团体主要是通过小规模地发行迷你期刊（小型的杂志或报纸）联系起来的。每期最多只能印刷五十至三百册，她们需要将这些迷你期刊折叠起来，塞进信封邮寄出去……随着主办人士年事渐高，这样的作业形式也日渐变成了沉重的负担，休刊、闭刊的现象相继发生。

图书馆并不收藏此类小规模发行的迷你期刊，许多女性活动中心也陷入了关闭或合并的风波，辛辛苦苦收集起来的各类期刊悉数被处理之后运出了图书馆。主办者去世之后，这些迷你刊物便被视为一堆无用的垃圾，对遗属们来说也是毫无价值的废纸。

1　法研社，2007年版，中译本已于2011年发行。

此时，为了防止文献的流散与佚失，"女性行动网"趁着为时未晚，开设了迷你刊物的电子归档项目，即"WAN电子期刊图书馆"。为了说服前辈的"老大姐"们向"女性行动网"的图书馆提供资料，需要厘清著作权转让等许多问题。不仅如此，还必须一一解答对网络疏于了解的前辈们提出的各种初级问题，例如：PDF是什么？

在网站初开张之际，我们便征得了著作权人的许可，将松香堂书店出版的《史料汇读：日本妇女解放运动史》（全三卷）成功收录在图书馆里。而这部资料集也包含了妇女运动诞生之日派发的"从便所开始解放"等传单或小海报。当随后而来的历史学家们着手撰写日本女性主义史时，我们收录的各种资料或迷你期刊，必定会成为有用的第一手资料。

如今，网站已经收藏了涉及一百二十三项主题、四千六百件以上的文献，向访问者全面开放。

既然必须有人动手来做此事，也找不到公共机构愿意提供帮助，那么不如我们自己动手丰衣足食——在这样的初衷下，幸好总能遇到志同道合的伙伴。网站的首任图书馆馆长是满田康子女士，第二任则是境矾乃女士。

在推进这项事业的过程中，最使我自豪的是，网站收藏了三种足以称为"迷你期刊历史遗产"的宝贵文献。其一，是森崎和江[1]主编的《无名通信》（1959—1961）；其二，是山崎朋子[2]主编的《亚洲女性交流史研究》（1967—1977）；其三，是石牟礼道子[3]经手创办的杂志（1960—1980）。每一种都在获得本人或遗属授权之后，进行了全集收录。

其中，森崎女士发表在《无名通信》创刊号上

1　森崎和江：参照书末附录"女性主义群英谱"。

2　山崎朋子：参照书末附录"女性主义群英谱"。

3　石牟礼道子：参照书末附录"女性主义群英谱"。

的发刊词，尤为精彩。

借此机会，我们要将长期以来扣在女性头
上的一堆名号通通奉还，回归至"无名"状态。
原因在于，我们背负了太多形形色色的称谓：
母亲、妻子、主妇、妇人、女儿、处女，等等。

该篇文章提到的各种"名号"，无不是父权制
社会给女性设置的"指定席位"。只有将这些称谓
悉数奉还，方能恢复"无名"的自由。以上三种迷
你期刊，都发行于日本妇女解放运动登场前夕。这
些先驱者从事的活动以及留下的话语共同构成了妇
女解放运动的前史，一路传承至今，化成了我们后
来者的宝贵财富。网站的电子资料可以随时在线阅
读，欢迎大家前往浏览。

此外，对于一代女性学先驱们留下的末场演讲

视频，"女性行动网"也进行了电子归档，并搭建了性别研究学位论文的数据库，举办过将各世代女性主义者汇聚一堂的研讨会等。

"女性行动网"运营至今，领薪员工人数为零，自理事长以下全体成员皆为不计报酬的志愿者。我们坚持运营"女性行动网"，主要是出于一种危机意识：为了协助完成女性主义骨干力量的世代交接，不主动进军网络世界，将无法生存下去。

在网站持续运营十二年之后，终于有年轻的新生力量加入进来了。

未来何去何从？

最后，女性主义将何去何从呢？关于这个问题，我也没有答案。在这个万事无法预测的社会里，未来会发生什么，想必没有谁可以提前知晓。我个人也曾思考过：眼前这条漆黑的隧道，究竟何时才能穿过？当时根本不曾预料，今天会迎来一个女性主义复兴的世代。不过话说回来，新一轮的打压与反弹恐怕又将接踵而至。

历史总是走一步，退两步。辛辛苦苦获得的东西，改天又会从脚下的根基开始崩坍，被再次掠夺一空。此刻眼前的风起云涌，究竟算不算第四次女性主义呢？这个问题还需要隔上一段时日，由后世的历史学家去验证。届时，我是否仍健在于世，也未可知。

至于我个人的功过，后世的历史学家某天没准儿会一句概括，"上野千鹤子终究不过是一介××"。历史学家嘛，总归是后来者才握有话语特权。就算是我们这帮"老古董"，也曾对先辈们指指点点。例如，"第一次女性主义，最终汇聚为一场妇女争取参政权的运动"云云。这样说来，讲述历史的行为，从某种意义上，类似于一种语言暴力。

不过，正如人总是乐意将自己的一生概括成故事，我们也希望循着完整的历史脉络，去了解女性主义这种思想究竟从何而来，又向何处去。何况，也确实有了解的必要。我们每个人都并非孤独地降生于世，而是从众多先辈那里继承了大笔的遗产，且不管将来是否养育后代，都站立在前来继承事业的后辈之间，肩负着将火炬交接下去的使命。

在一段漫长的岁月里，"女性主义者"一直毁谤伴身、背负恶名。但无论如何"恶名昭彰"，我都无意卸下这块招牌。毕竟我的话语和思想是走在我前方的无数女性先辈们一路背负而来的宝贵遗产，早已深深刻入我的血肉与骨髓。她们赐予的恩典，我将永志不忘。

哪怕身为弱者，依然能获得尊重的思想

2019 年 4 月，我以受邀嘉宾的身份在东京大学的入学典礼上发表了一番贺词。当时我如此概括："女性主义，绝非鼓动女性依照男人的方式行事，或宣扬弱者应当变为强者的思想。它追求的是，哪怕身为弱者，依然能够受到尊重。"于是收到了台下学子这样的反馈："您对女性主义的定义，我平生第一次听说。"

尤其是男性，容易在自身的认知框架内去误解女性主义。"要搞男女平等？是吗，你们这些女人，想变得跟爷们儿一样？既然如此，那就丢掉女人的一切，放马过来好了！"这便是所谓"机会均等"的规则。

并非女人身为女人，就必定该是弱者。只是社会分配给女人"照护者"的性别角色，使得女性在陪伴和照料孩童、老人、病人、残障人士的过程中获得的体验，更容易与弱势人群发生共鸣。推起婴儿车外出时，许多当妈妈的女人瞬间体会到了坐轮椅的残障人士的心情。

然而，女人并非从本能或本质上便属于"负责提供关怀与照顾的性别"。假使男性承担起照料他人的职责，想必也会拥有与女人相同的感受。男性也有可能沦为弱者或受害者。反之，女性也有机会成为加害者。并非一切社会角色与分工，都由基因或荷尔蒙所决定。

"所谓社会性别，就是将男女群体割裂为二的、非对称的权力关系。"社会学家克里斯蒂娜·德尔菲[1]如此定义。她直言道破了一个事实,"向男人看齐,意味着晋升成为支配者"。同时,换个说法依然成立,"在既有的性别秩序下,像男人一样,等于成为歧视者与压迫者"。但女人根本无意去做支配者、歧视者或压迫者。

如若遵循上述定义:第一,"向男人看齐",并不会成为女性主义的解题路径。第二,维持既定的性别关系,仅用其他选项来机械替换现有选项,同样不会成为解题的答案。例如,认为家庭主妇不合理,就让男人通通变"主夫"。以上两点无论从理论或实践上,都已见分晓。

照顾,同样是一种非对称的权力关系。照顾者与被照顾者,鲜少会对调彼此的位置。在绝对压倒

1　克里斯蒂娜·德尔菲(Christine Delphy,1941—　):法国女性主义社会学家、作家。以开拓唯物主义女性主义而闻名。曾于1981年,与波伏娃共同创办了女性主义杂志。

性的、不均衡的权力关系里，强者对弱者往往手握生杀予夺的特权，唯有抑制滥用权力的冲动，照顾方才得以成立。

在照顾与被照顾的关系里，女性有时也会成为权力的拥有者，那便是当上家长的时候。面对离开母亲的照料便一日也无法存活的小婴儿——这个完全依赖于自己的脆弱生命，全凭坚忍地付以耐心，持续不断地回应对方的需求，照顾方才得以成立。婴儿有时会回报母亲天使般可爱的笑容，反之，有时也会像个小恶魔终日啼哭不休。此时，女人在冲动情绪的驱使下，甚至会忍不住殴打婴儿，或是恨不得抓起孩子从阳台丢下楼去吧？

行使权力往往会令人体验到一种快感。强者对弱者，父母对子女，上司对下属，都有颐指气使、希望对方俯首听命的冲动。我有位从事专业护理的朋友说："其实护工也有对老人呼来喝去的冲动。"

假如老人满足不了护工的要求，虐待便时有发生。有趣的是，表示"虐待"的英文词"abuse"，同时也有"权力滥用"的意思，而长期持续对抗这种权力滥用的诱惑的过程，便称为"关怀"或"照护"。换个说法或许也可成立，所谓照护，便是学习非暴力相处的一种实践。

但另一方面，男性们却总在学习使用暴力。得知各种手段残忍的私刑虐杀事件，多数主犯居然是十几岁的少年时，我不由感慨：从出生到长大的十来年里，男孩们始终在学习用暴力表达自我。既然暴力可以习得，那么非暴力同样可以经由学习来掌握。因此，有必要欢迎男性也来体验一下照顾他人的感觉。

人作为弱者降生于世，又作为弱者走向死亡。身为强者的日子，搁在一生当中，也不过是短暂的少时片刻。我们能够要求弱者必须摇身成为强者，或是去对抗强者吗？弱者之所以是弱者，不正是因为不具备成为强者的条件吗？因此，社会没有道理去歧视、压迫那些弱势人群。追求一个哪怕身为弱者，依然有资格获得尊重的健全社会，原本就是理所当然的。女性主义作为一种思想和社会实践，并非追求"与男人一模一样"的权利，而是追求"尽管与男人不同，也不会遭受歧视"的权利。

· 附录 ·

女性主义
"群英谱"

フェミニズムの道

第 1 章　

● 田中美津（1943—　）

女性主义活动家，日本妇女解放运动的领军人物。早年因居住在东京本乡町，与学生运动的活跃分子交往密切。由于自己的居所成了当时学运指挥部的秘密据点，得以近距离观察男生们的所作所为，从而大失所望。1970 年，提笔写下了著名的妇女运动口号"从便所开始解放"。曾致力于筹办妇女解放活动营、妇女解放大会等活动。1972 年，作为"战斗女性同盟"的领袖，创立了新宿妇运中心。现为一名针灸师。著有《成为活生生的女人：漫谈妇女解放运动》《美津与千鹤子侃侃而谈》（共著），等等。2019 年，追溯其一生事业足迹的纪录片《这个星球，不是我的星球》公映。

● 平冢雷鸟（1886—1971）

女性主义活动家、思想家。原名平冢明。就读于日本女子大学校期间，开始研读哲学与禅学，完成了追求自我实现的意识启蒙。1911 年，创办女性杂志《青鞜》。受到瑞典女性主义评论家爱伦·凯（Ellen Key）的影响，主张母性中心女性主义。1920 年，与市川房枝等人联手成立了"新妇人协会"，展开了妇女参政权运动。"二战"后，率领过反对战争、呼吁和平的女性运动。著有自传《原初，女性是太阳》全四卷、《平冢雷鸟著作集》全七卷·增补卷等。

● 伊藤野枝（1895—1923）

妇女解放活动家、无政府主义者。出身于福冈县，毕业于东京上野高等女学校。1912 年成为青鞜社成员，发表过多篇翻译及评论作品。1915 年，自平冢雷鸟手中继承《青鞜》杂志的运营事业。与无政府主义者大杉荣确定恋爱关系后，1921 年，加入左翼女性团体"赤澜会"。1923 年，在关东大地震后世情陷入混乱之际，与大杉荣一起，遭到日本帝国陆军宪兵大尉甘粕正彦虐杀。著有《定本：伊藤野枝全集》全四卷，以及濑户内寂听《美在混乱中》、村山由佳《风啊，暴雨啊！》等传记小说。

● 市川房枝（1893—1981）

妇女活动家，政治家。1919 年，成为日本首个劳动工会的妇女部书记。翌年，与平冢雷鸟携手组建了"新妇人协会"。1924 年，自美国返日后，创办了"促进妇女参政权获得同盟会"，简称"妇选获得同盟"，成为妇选运动的核心人物。1953 年，首次当选参议院议员。在之后的四分之一世纪里，一直以国会议员身份积极推进女性政策的制定，为促进国际合作尽心竭力。著有《市川房枝集》全八卷·别卷一，《市川房枝：我的履历书及其他（人间记录）》等。

●山川菊荣（1890—1980）

女性解放思想家、评论家。毕业于女子英学塾（现津田塾大学）。因曾在纺织工厂目睹女工们的悲惨境遇，从而投身到妇女解放运动与左翼运动之中。在关于"母性保护"的争论中，从社会主义立场出发，对与谢野晶子、平冢雷鸟的观点提出了批判。1921年，加入"赤澜会"。遍览欧美各类文献，1923年，完成了德国社会民主党领袖奥古斯特·倍倍尔（August Bebel）《妇女与社会主义》的译介。"二战"后，在片山哲主持的内阁中担任第一届劳动省妇女少年局局长。著有《山川菊荣集评论篇（新装增补）》全八卷·别卷一、民俗史《武家的女性》、自传《记两代女人》等。

● 贝蒂 · 弗里丹（Betty Friedan，1921—2006）

美国女性主义思想家、女权活动家、作家。1963 年，出版《女性的奥秘》（日译名《新女性的创造》），为妇女解放运动的登场奠定了先机。1966 年，创立了"美国全国妇女组织"（National Organization for Women，即 NOW），并出任首届主席。积极投入民权运动，曾发起诉讼，指控政府在越南战争中仅以男性为对象的征兵制度违反了男女平等精神。20 世纪 70 年代，掀起了在美国宪法中增添男女平等条款《平等权利修正案》的抗争运动（Equal Right Amendment，即 ERA），该条款至今尚未确立。著有《第二阶段》《生命之泉》等。

第 4 章

Chapter 4

● 井上辉子（1942—2021）

女性学家、社会学家。1974 年，率先提倡建立"女性学"学科，在和光大学开办了日本第一个女性学讲座。曾担任日本女性学会代表干事、NPO 法人"女性行动网"《WAN 女性学学报》的首任编辑委员长，也为丰富该法人组织"电子期刊图书馆"的馆藏而尽心竭力。著有《女性学及其周边》《新·女性学的招待券》《日本女性主义 150 年：人物与思想》等。

●罗宾·摩根（Robin Morgan，1941—　）

美国激进女性主义作家、编辑、诗人。曾参与组建纽约首个妇女解放运动团体，及其他多家女权运动组织。主持编纂了代表第二次女性主义浪潮的论文集《强大姐妹情》（*Sisterhood Is Powerful*）及续篇《姐妹情谊跨越全球》（*Sisterhood Is Global*）、《姐妹情谊永不凋零》（*Sisterhood Is Forever*）。其他译为日文的著作有《爱上恶魔的人：恐怖主义与性观念》。

●大泽真理（1953— ）

社会政策·性别研究学者。1988年，任东京大学社会科学研究所助教授，后升任教授。2015—2018年，担任该所所长。曾任总理府男女共同参画审议会委员、内阁府男女共同参画会议影响调查专门调查组组长。著有《英国社会政策史》《超越企业中心型社会》（凭借此获得山川菊荣奖）《创建男女共同参画型社会》等。

● 朱迪斯·巴特勒（Judith Butler，1956—　）

美国女性主义理论家。在 1990 年出版的著作《性别麻烦》（日译本出版于 1999 年）中，颠覆了前人关于"性 = 生物学事实，性别 = 文化建构产物"的理论框架，提出"社会性别反之也将重塑作为原点的生理性别"的新主张，并指出传统女性主义与精神分析理论中存在的"异性恋偏好"，对日后女性主义及酷儿理论的发展施与了巨大影响。著有《身体之重》《安提戈涅的诉求：生与死之间的亲缘关系》《煽动言论：一种述行政治学》等。

● 长岛有里枝（1973— ）

摄影家。为了反对男摄影师镜头之下暴露出三角区，未对隐私部位进行任何遮掩与修饰的女性裸体形象，以自己的家人为模特拍摄了一组裸体写真，并凭该作品在1993年"URBANART展 #2"中获得"PARCO"奖，正式出道摄影界。留学美国后，于2001年凭作品 *PASTIME PARADISE* 获得木村伊兵卫摄影奖。2015年，完成了武藏大学人文科学研究科社会学专业博士前期课程。著有《背影的记忆》（获得讲谈社散文奖）、《自画像》等。

● 松井耶依（1943—2002）

媒体人、社会活动家。曾以朝日新闻社记者身份，围绕亚洲女性面临的诸种问题积极展开追踪报道。1973年，在反对"性旅游"（俗称"买春团"）的运动中，率先使用"买春"一词。1994年退休，翌年创立了亚洲女性资料中心。1998年，担任日本"战争与针对女性的暴力"网站代表。2000年，联合该网站共同举办了"女性国际战犯法庭"。著有《由女人创造的亚细亚》《爱、愤怒与战斗的勇气》《女性国际战犯法庭：如何审判"慰安妇"制度 问与答》（共著）等。

第 6 章

●森崎和江（1927—2022）

诗人、评论家。出身于朝鲜庆尚北道，毕业于福冈县立
女子专科学校。后加入诗歌杂志《母音》。1958 年，与
谷川雁等人联手创办了面向煤矿工人发行的机关杂志
《社团村》。1959 年，创办迷你期刊《无名通信》。著有
《唐行小姐》、诗集《一枚竹叶笛》（获得丸山丰纪念现
代诗奖）、《日本断层论：在社会矛盾中夹缝求生》（共
著）等。

● 山崎朋子（1932—2018）

女性史研究家、纪实文学家。1967 年，创办发行了《亚洲女性交流史研究》。1972 年，以纪实小说《山打根八号娼馆》获得大宅壮一纪实文学奖，内容描写明治初年至昭和初年，在海外从事卖春行业的"唐行小姐"的生存实态，该作品于 1974 年被改编为同名电影。另著有《山打根的墓园》《旅美小姐之歌》等。

● 石牟礼道子（1927—2018）

作家。1958年，加入了由谷川雁、森崎和江等人主办的《社团村》杂志社。1969年，发表了取材于水俣病患者真实生态的《苦海净土》三部曲系列的第一部《苦海净土：我国的水俣病》，收获了巨大的社会反响。另著有《天鱼》《记山茶花之海》《西南人物传说》，以及能剧《不知火》等。

作者简介

● 上野千鹤子（1948—　）

出生于日本富山县。社会学家、东京大学名誉教授。现任政府认证 NPO 法人"女性行动网"（WAN）理事长。曾在专科学校、短期大学、大学、研究生院、社会人教育讲座等各类高等教育机构中，从事教学与研究长达四十年。主要著作有《近代家庭的形成与终结》、《父权制与资本主义》（岩波现代文库）、《一个人的老后》（文春文库）、《一个人的午后》（NHK 出版／文春文库）、《在熟悉的家中向世界告别》（文春新书）、《一个人的临终时光》、《厌女》（朝日文库）、《关于照护的社会学》等。